타로카드 컴비네이션 추가

증보판

타로카드 88가지 비밀노하우

신영호 지음

공감북스

목차

[타로기본]

[타로실전]

[타로고급]

[타로카드 컴비네이션]

머리말 ≈≈≈

1995년도 겨울. 주역(周易:I Ching)과 처음으로 인연 맺은 후 지금까지 20여 년 간 줄곧 명상수련을 해왔습니다. 명상을 통해 '있는 그대로'를 바라볼 수 있는 직관력을 유지할 수 있었고, 이러한 직관력은 타로카드를 해석할 때도 크나큰 도움이 되었습니다. 명상을 통한 '개인적 깨달음'이란 경험을 기초로, 타로카드를 접하는 입문자부터 타로마스터에 이르기까지 카드 리딩에 근본이 되는 기본 철학을 함께 제공하고자 〈타로카드 88가지 비밀 노하우〉란 책을 기획·출판하게 되었습니다.

책의 흐름은 타로 입문자들도 쉽게 이해할 수 있는 기본적인 내용부터, 실전 타로 마스터들도 간과할 수 있는 '마음가짐'에 이르기까지 타로카드와 관련된 핵심내용과 일급비법들을 88가지 중요항목으로 나눠 기록해 두었습니다. 또한 책의 후반부에서는 궁극적으로 타로가 지향하는 목적과 철학을 함께 공유함으로써 '우리가 타로카드를 통해 무엇을 얻을 수 있는지'에 대해 생각해 보고자 합니다.

제가 본서를 공감북스 출판사를 통해 출간하면서 꼭 독자제현님들께 당부하고자 하는 바가 있습니다. 남의 인생에 대한 조언을 절대 함부로 가볍게 해주어서는 안된다는 것입니다. 간절하고 힘든 문제를 해결하려고 온 분들에게 가볍고 돈만 생각하면서 해주는 상담은 굉장히 위험하며 큰 카르마를 받게 됩니다. 그러므로 상담을 할 때는 신중에 신중을 기하고 말을 아껴야 하며 내담자를 어떻게 하면 경건하고 건전하게 마음을 가지도록 도와줄까를 고민하면서 상담해 주셨으면 합니다.

책을 출판하기까지 도움을 주신 부모님, 그리고 형님들과 동생에게 감사드립니다. 그리고 본인에게 공부를 배운 제자 분들에게도 감사의 마음을 전합니다. 본서를 출판해 주신 김 응수 공감북스 사장님께도 깊은 감사를 드리며, 본서를 읽어주시는 모든 독자제현님들의 가내(家內)에 행복과 건강이 늘 함께하시길 기원합니다. 감사합니다.

나의 길 속에서 노력하는 자,

나는 틀림없이 이들을 내 길로 인도하리라.

- 코란 -

타로카드 기본편

“자진하여 운명의 여신에게 몸을 바치고

그 여신의 뜻대로 당신의 운명의 실을 잣도록 하라.”

- 마르쿠스 아우렐리우스, 명상록 -

1. 타로카드란?

타로카드는 한마디로 점을 치는 도구이다. 카드를 통해 점치는 행위를 하는 사람(상담자)은 점을 요청한 사람(내담자)의 마음을 읽고 미래 상황에 대한 예언을 하게 된다. 타로카드를 통해 '누가 미래에 대한 답을 알려주는가'를 질문해 보면, 여신(女神, Goddess)[1]카드가 나오는 경우가 많다. 카드놀이는 기본적으로 '여신의 문화'이며 특히 젊은 여성들이 선호하는 놀이문화라는 맥락에서 여신카드와 의미가 잘 통한다고 볼 수 있다.

타로카드의 운명예측은 일반적으로 칼 융 박사(Carl G. Jung)에 의한 동시성 이론[2]에 의해 설명되고 있다. 또한 타로카드 점은 단순한 놀이문화를 넘어 심리치료를 병행할 수 있는 유용한 수단이라고 할 수 있다. 타로카드를 사용할 때 주의할 점은 너무 지나치게 허황된 질문이나 자신의 이기심을 충족시키기 위한 도구로서 타로카드를 이용하지 않아야 된다는 점이다. 과도한 욕심으로 인해 타로카드의 적중률이 떨어질 수도 있기 때문이다. 예를 들어, 증권, 도박, 복권 등에 대한 점은 타로카드의 신성함을 오염시킬 수 있기에 결과가 잘 맞지도 않을 수도 있는 것이다.

---

1) 고위여사제(The High Priestess) 카드가 나왔다. 고위여사제는 여신을 의미한다.

2) 내담자(질문자)의 물음에 대해서 특정한 카드가 나오는 것은 우연이 아니라 어떤 모종의 필연이라고 보는 경향이 있으며, 이를 과학적으로 동시성(Synchronization)이라고 하는데 인간의 내면세계와 현실세계의 외면이 연결되어 있다고 보는 이론에 근거를 두고 있다. 동시성은 '동시발생'의 줄임말로 보는 이도 있으며, '까마귀 날자 배 떨어진다'는 말은 동시성을 가장 정확하게 묘사하고 있는 속담. 동시성은 관련 없는 일들도 그 배후(이면)에는 모종의 신비적인 연결이 흐르고 있는 제 현상을 의미하는 말이다.

요약하면, 타로카드는 미래를 예언하는 도구이며 질문자의 내면 세계에 대한 이해와 조언을 가능하게 해주는 유용한 도구이다.

참고자료〉 타로와 점술 비교하기

타로(Tarot)	점술(Divination)
▪ 약 600년 전 78장의 카드로 귀족층에서 사용한 카드게임 ▪ 미술작품 ▪ 도덕적 가르침 ▪ 철학의 알레고리(우화: 인격화한 동식물이나 다른 사물에 비겨 풍자나 교훈의 뜻을 나타내는 이야기) ▪ 소설과 영화의 영감 - 고대 무용담과 같은 서사시적 소설의 영감, 즉 주인공 왕자가 적들을 물리치고 왕이 되는 영웅담의 시나리오. ▪ 마법과 비밀스러운 지혜에 대한 암호화된 체계 - 비의적 가르침(Esoteric Doctrine) ▪ 명상을 위한 관문 - 잠재의식, 무의식, 초의식을 각성시킴[3)] ▪ 점술(Divination)	▪ 운세, 예언술 - 현재의 상황과 사건을 분석하고 이해함으로써 자기실현(Self-Realization)의 과정을 올바르게 이루어나가도록 도와줌 - 융 박사의 개성화과정(Individuation) ▪ 신들의 신성함을 인간의 일상생활 속에 드러내는 가장 중요한 방식들 중의 하나 ▪ 신탁(神託:Oracle:신이 사람을 매개자로 하여 그의 뜻을 나타내는 일)의 일종 ▪ 삶의 배후(이면)에 존재하는 영적인 삶의 실재(Reality)와 영적인 삶의 패턴에 대한 이해를 추구 ▪ 타로점술은 상징을 읽고 구술하는 것이 중요하므로 언어구사력이 요구됨

3) 무의식(UnConsiousness)은 일반적으로 직관력과 결부된 차크라로서 아즈나 차크라 위와 사하스라라 차크라 중간에 위치한 차크라와 아뢰야식를 뜻하며, 잠재의식(SubConsiousness)은 프로이트가 말한 무의식으로서 아나하타 차크라 이하의 차크라들의 의식(주로 성욕과 열정 그리고 억압된 의지)를 뜻하며, 초의식(SuperConsciousness)은 칼 융이 말한 무의식으로서 꿈과 원형(Archetype)의 궁극적 원천으로서 쿤달리니 요가에서 말하면 사하스라라 차크라에 해당하며 신성한 영역이며, 공(空)을 뜻한다.

2. 타로카드 상담자의 자세

타로카드로 점을 치기 전에는 마음을 경건하게 갖고 여신의 축복과 은총을 기원해야 한다. 조용히 눈을 감고 호흡을 단전에 모은 다음 천천히 내쉬면서 마음을 가라앉힌다.

타로카드는 동서양 고대 문명의 정신을 물려받은 것으로 힌두교, 이집트, 유대의 신비주의(카발라), 기독교 등등 다양한 정신문화가 결합되고 농축되어 이루어져 있다. 타로카드점을 위해 특정 종교를 가질 필요는 없지만 모든 종교에 공통되는 '대상에 대한 믿음'은 필요조건이다. 타로카드로 점을 치기 위해서는 '점이 잘 맞는다'는 믿음이 전제되기 때문이다. 이러한 믿음은 맹종으로서의 믿음이 아니라 신성하고 순수한 믿음이다.

또한 타로카드점의 결과가 틀린 것은 결과를 알려주는 여신의 실수라기보다는 해석자의 믿음의 결핍이나 해석 오류에 기인하는 것이 크다. 따라서 타로 카드로 점을 치기 전에는 반드시 여신에 대한 감사의 마음과 존경심을 갖고 시작하는 것이 중요하다.

3. 타로카드 내담자의 자세

타로카드 내담자(질문자)는 한 번에 한가지씩만 질문하도록 해야 한다. 반드시 한 번에 한 가지씩 구체적으로 여신께 물어봐야 하는데 예를 들어, "제가 내년에 어떤 직업에 취직하여 어떻게 돈을 얼마나 벌 수 있겠습니까?"라는 식의 질문은 곤란하다. 간단하고 구체적으로 “제가 내년에 취업할 수 있을까요?”라고 물은 후, 점괘가 나오면 그것을 해석하고 다시 새로운 질문으로 “제가 얼마나 돈을 벌 수 있을까요?”라고 물어봐야 한다. 그리고 추가적인 질문이 있으면 “제가 어떤 직종에 취업하게 될까요?”라고 물어보면 된다. 이렇게 구체적이면서 간단하게 질문을 해야 정확한 답변을 얻을 수 있다.

4. 타로카드 셔플링(Shuffling:뒤섞음)

타로카드점은 22장의 메이저카드(Major Arcana)와 56장의 마이너카드(Minor Arcana) 그리고 공백카드 2장 모두 80장을 섞어서 보게 된다. 22장의 메이저카드는 타로카드의 핵심 메시지를 갖추고 있기에 메이저카드가 나왔을 때는 질문자의 질문에 보다 상징적이고 함축적인 진지한 답변이 필요하고, 마이너카드가 나오면 보다 구체적이고 명확한 답변이 요구된다.

물론, 어떤 카드가 나와도 내담자의 질문에 여신은 진지하게 답변을 해주게 되니 외형적인 분류에 집착할 필요는 없다. 그리고 공백 카드에 대한 포함여부에 대해서는 대다수 타로 전문가들도 간과하고 있는 부분인데 올바른 타로카드점을 위해서는 반드시 포함해야 한다.

공백카드란 크게 두 가지 의미로 사용된다. 하나는 여신이 대답해 줄 수 없다는 것을 의미하며, 또 하나는 너무 바보스러운 질문이거나 이전에 했던 질문에 대해서 침묵을 할 때 나오게 된다.

따라서 여신에게도 답변을 해 줄 것인지 여부에 대한 선택권을 준다는 의미에서 공백카드 두 장을 78장의 카드에 포함시켜 80장의 카드로 셔플링을 하는 것이 좋다.

5. 타로카드 셔플링 방법

셔플링을 할 때 천이나 이불 위에서 카드 덱을 정돈한 상태로, 한 손에 움켜진 후 천 위에 손으로 무지개 식으로 펼친 후 두 손으로 정성껏 섞는다. 타로카드를 처음 구입했을 때는 많이 섞는 것이 좋다.

타로카드는 내담자가 선택할 수도 있고 상담자가 선택할 수도 있다. 카드 해석자가 점괘의 카드를 뽑든,[4] 내담자가 카드를 뽑든지와는 무관하게 적중률은 모두 높게 나온다. 상담자가 직접 타로카드를 뽑을 때는 전체적으로 한 번 섞은 후 맨 위에 나오는 카드를 점괘의 카드로 선택하면 된다.

6. 타로카드 배열법

타로카드 서적들을 보면 '켈틱 배열법', '차크라 배열법', '카발라 생명의 나무 배열법' 등 다양한 배열법을 소개하고 있다. 하지만 이런 배열법을 익히기 전에 기본적으로 원카드(One Card)와 쓰리카드(Three Card)에 대한 이해가 선행되어야 한다. 원카드는 말 그대

4) 원카드 방식의 점을 칠 때, 즉 하나의 카드로 점을 물을 때.

로 카드 셔플링 후 하나의 카드만을 선택해서 카드점을 해석하는 것. 사실, 하나의 카드 자체만으로도 수십 개의 상징과 함축적 의미가 담겨 있기 때문에 원카드 방식으로 카드점을 보아도 카드점이 90% 이상의 적중률을 보일 수 있다. 타로카드는 적중률이 높은데 그것은 타로카드 하나하나가 다양한 의미를 내포하고 있기 때문이다. 또한, 78장의 카드가 인간과 인류의 세계관과 운명관을 담고 있기 때문에 그리고 역방향까지 해석하게 되면 156 가지 카드 해석이 생기므로 타로카드 해석은 그만큼 다양하게 나오게 된다.

원카드 방식보다 보다 구체적인 답변을 원하는 경우라면 쓰리카드 배열법(Three Card)[5]을 사용하면 된다. 세 개의 카드를 연이어 놓고 현재의 질문자의 물음에 대한 상황을 알려달라고 하면 여신의 답변이 주어진다. 세 개의 카드를 해석할 때는 각 카드의 연관된 의미를 고려해 해석해야 한다.

원카드 해석법으로 하나의 카드를 완벽하게 읽는 법을 충분히 익힌 후에 쓰리카드 배열법에 의해서 세 카드의 부분과 전체를 읽는 해석법을 터득해 나가면 좋다. 그 후에, 셀틱, 차크라, 생명의 나무 등 다양한 배열법을 익히면 된다. 특정한 배열법에 의존하기 보다는 자신에게 적합한 방식을 선택해 집중적으로 연습하면 된다. 중요한 점은 원카드나 쓰리카드를 정확하게 읽는 훈련을 한 후, 점차 카드 수를 늘려나가는 방식을 선택하는 것이 올바른 훈련자세라고 할 수 있다.

---

5) 쓰리카드 배열법은 많은 타로마스터들이 선호하고 있는데 카드의 숫자도 많지 않고 정확하게 상담의뢰자의 질문에 대답을 해줄 수 있기 때문이다. 쓰리카드에서 첫 번째 카드는 과거, 두번째 카드는 현재, 그리고 마지막 세번째 카드는 미래를 의미하고, 시간의 흐름으로 이해하면 편하다.

7. 타로카드 해석법

타로카드 해석은 본서를 통해 핵심적인 부분이라고 할 수 있다. 타로카드를 제대로 해석하지 못하면 타로카드점을 보는 의의 자체가 사라지기 때문이다. 따라서 특히 타로카드를 해석할 때는 진지하고 신중한 자세로 주의 집중해야 한다.

먼저, 카드 셔플링이나 카드 배열 시에 항상 정신을 집중하여 내담자의 질문만을 생각해야 한다. 집중력이 흐려지면 다시 카드 셔플링을 하고 정신과 마음을 고르게 하는 것이 중요하다. 물론 갑자기 셔플링하다가 특정 카드가 튀어나오면 그것은 여신의 뜻일 수 있으므로 주의를 기울여 해석해 볼 필요가 있다. 그러나 셔플링 도중 갑자기 카드 그림이 나온 카드를 해석했는데 내담자의 질문과 무관하다면 다시 카드를 셔플링해야 한다. 또한, 공백 카드를 포함하여 80 장의 타로카드를 하나라도 빼먹고 점을 치면 제대로 맞지 않을 수 있으니 주의해야 한다. 물론, 일부로 특정 타로카드를 제외하고 점을 치는 것은 유효하지 않으며 만약 모르는 상태에서 한 장 정도 카드를 빼고 점을 치는 경우라면 일단 유효한 점으로 인정해야 한다. 그 또한 여신의 뜻이기 때문이다.

타로카드는 정방향과 역방향이 있다. '라이더 웨이트 카드'는 정방향과 역방향 모두 구별한다. 따라서 78 장의 카드로 156 가지 카드해석을 얻을 수 있다. 혹자들은 정방향과 역방향을 구별하지 않고 무조건 정방향만 보는데 그것은 해석의 의미를 축소시키는 행위이다. 그러나 카드 종류 자체가 정방향으로만을 해석하도록 되어 있다면 정방향으로만 해석해도 무관하다. 하지만 경험상, '유니버설 웨이트'나 '라이더 웨이트' 카드는 정방향과 역방향을 모두 해석할 수 있게 되어 있어 정·역을 구분해서 해석해야만 한다. 역방향의 의미는 정방향의 해석과 반대로 해석하거나 정방향의 해석의 의미를 약하게 해석하면 된다. 역방향 카드해석에 대해서는 차 후 별도 설명을 하고자 한다.

카드를 해석하는 방법은 크게 세 가지로 나뉜다.

1. 점괘를 통해서 선택한 타로카드의 그림을 통해서 그림을 직관적으로 통찰하여 읽어내는 방법.
2. 타로카드 해설서를 통해서 해석하는 방법.
3. 상징의 의미를 하나하나 파악해서 함축적이고 은유적인 의미를 읽는 것.

초보자의 경우 첫째 방법을 통해 먼저 직관력을 키우는 것이 중요하다. 이렇게 그림의 의미 자체만을 놓고 해석하는 것도 마음을 명료하게 만들어 준다. 오히려 처음 타로카드의 그림을 대하고서 얻은 느낌과 생각이 더욱 정확한 카드에 대한 해석이 될 수 있다. 카드를 리딩할 때는 반드시 머릿속을 깨끗하게 비워야 한다. 경험상 타로카드를 선택하는 것도 여신의 뜻이지만 타로카드를 해석하는 것도 여신의 뜻이 어느 정도 반영된다고 본다. 따라서 타로카드를 펼쳐서 처음으로 머릿속에 떠오르는 생각을 얻는 것이 중요하다고 할 수 있다. 카드는 펼쳤을 때 한 눈에 들어오는 직감적인 생각이 맞을 확률이 높다.

타로카드 해설서를 참조해 타로카드를 해석할 때도 주의를 요한다. 타로카드 해설서마다 차이가 있고 한 권의 해설서나 서적으로는 해석이 제대로 되지 않기 때문이다. 최소한 3권정도 타로 해설서를 참조하는 것이 좋으며 내담자의 질문과 상황을 근거로 하여 해설서들 간의 상호 공통점을 찾아내 해석해야 한다. 추천할만한 해설서로는 베이직 웨이트 타로 덱에 동봉된 칼리 님의 해설서와, 칼리님의 《타로카드 길잡이, 이선화님이 번역하신 《타로카드 100배 즐기기》 등이다. 이 3권만으로도 대략 90% 정도 타로 해석은 할 수 있다. 추가해 인터하비[6]에서 판매하고 있는 《따라하며 쉽게 배우는 타로》 를 참조하면 기본적인 해석은 가능하며 이 책을 통해서도 타로실전과 관련된 기본 해석은 배울 수 있다.

구체적으로 동일한 질문에 대해 타로서적마다 어떻게 달리 해석하는지를 살펴보자. 일전에 한 내담자가 "오늘 특정한 사람이 만남의 장소에 나올 수 있는가?"를 질문을 했었고 카드점을 뽑았더니 선택된 카드는 정방향 Two of Pentacles이었다. 베이직 웨이트 타로 덱 해설서의 내용 중에서 일부만을 인용하면 "모든 면에서 유동하는데 어려움을 겪다(소득은 있지만 소득을 쉽게 얻지 못하다), 미래에 대한 즐거운 기대"라고 되어 있다. 즉, 한 편으로는 어려움을 겪는다고 되어 있고, 한 편으로는 미래에 대한 즐거운 기대라고 되어 있으므로 만남이 이루어질 수 있는지 아닌지가 명확하지 않게 된다.

칼리님의 《타로카드 길잡이》 해설 부분을 참고해 보면 다음과 같다. Two of Pentacles의 정방향 해석만을 인용하면 "유쾌함, 기분 좋음, 장애, 뒤섞임, 혼란"이라고 되어 있었다. 전자와 비슷한 내용이지만 이 해석만으로는 만남이 이루어져 기분 좋은지 아니면

6) 타로카드 관련 전문 샵.

장애가 생겨서 만날 수 없는지 확실하게 알 수 없다.

마지막으로 《타로카드 100배 즐기기》를 참고하면 다음과 같다. Two of Pentacles은 "근본적으로 삶을 즐기는 카드". 즉 긍정적인 면이 있이 매우 강조되고 있다. 필자는 해설서들의 지침을 참고로 최종적으로는 내담자에게 만나고자 하는 사람이 만남의 장소에 나오게 된다고 말해 주었다.

하지만 현실에서는 기대했던 만남은 이뤄지지 않았다. 즉 내담자가 기대했던 그 사람이 약속 장소에 나오지 않은 것이다. 해석이 틀린 것이다. 먼저 Two of Pentacles의 그림을 자세히 들여다 보면 주인공이 두 개의 펜타클을 이리 저리 순환시키는데 한쪽 펜타클에 신경을 많이 쓰고 있는 것이 보인다. 즉, 뭔가 불안해 보인다. 직관적으로 해석하면 만남이 이루어지지 않는다고 해석할 수 있다.

결국 타로카드 해석에 있어서는 카드의 이미지에 대한 직관적인 해석이 매우 중요하다는 사실을 알 수 있다. 직관적인 해석을 믿지 못하면 해설서에 의지해야 하는데, 만약 해설서가 혼돈을 주게 되면 해석이 더욱 어려워 질 수 있다. 따라서 해설서에 너무 의지하지 않고 직관적으로 리딩하는 법을 배우는 것이 필요하다. 이를 위해서는 수많은 카드리딩 경험이 필요하다.

타로카드의 직관적 해석과 관련해 참고할 만한 서적으로는 데이비드 폰태너가 지은 《상징의 비밀》[7]이 있다. 타로카드의 상징을

7) 카발라, 티벳의 만다라, 인도의 쿤달리니 요가, 탄트라 요가 그리고 각종 고대문명의 문양과 상징을 설명하고 있다. 칼 융의 무의식과 꿈 개념 등에 대해서도 나와 있으며, 꿈이나 무의식 등을 통해서도 상징의 의미를 이해할 수 있다. 책의 뒤편에는 타로카드에 대한 해석도 나오니 참

정확하게 이해하는데 도움이 된다. 또한 타로카드의 상징들은 점성술과도 연관되어 있으므로 타로카드를 몇 권정도 정복했고 타로카드로 수십 차례이상 점을 쳐 봤다면 점성술 서적도 함께 공부할 것을 권한다.

12 황도궁과 10 개의 태양계 행성 등 12개의 별자리를 통해서 22개의 메이저 타로카드와 대응시켜 해석하고 각 메이저 타로카드의 특성을 별자리의 특성과 연결시켜 해석하게 되면 보다 고차원적인 해석이 가능해 진다. 실비아 아브라함이 지은 원서 《HOW TO: READ THE TAROT》 이란 책에서는 메이저 타로카드 해석을 점성술과 연관하여 설명하고 있다.

타로카드를 제대로 읽기 위해서는 반드시 자신의 의식을 고도로 집중해 마음을 평정하는 것이 필요하다. 선과 악, 옳고 그름을 모두 지워버리고 온전히 '있는 그대로'의 상태로 카드리딩에 참여해야 한다. 개인의 의식이 카드리딩에 섞이게 되면 올바른 리딩이 되지 않는다.[8] 그 이유는 추정컨대 카드 해석자의 무의식 수준이 카드의 점을 알려주시는 여신(Goddess)의 초의식과 합일되지 못하기 때문일 것이다. 그래서 카드리딩에 있어서 무엇보다 카드 해석자의 마음가짐이 중요하다.

또한 너무 어렵게 생각하거나 해석하려고 하면 틀릴 수 있으므로, 최대한 직관적으로 한 번에 들어오는 의미를 받아들여야 한다. 직관력은 바로 카드 해석자의 무의식과 여신의 초의식이 맞닿는 접점이라고 할 수 있다. 이러한 직관력을 향상시키기 위해서는 맑은

고하면 된다. 한글서로 번역되어 나왔기 때문에 초보자도 읽는데 큰 어려움은 없다.

8) 카드 해석자가 가장 주의해야할 사항은 편견과 선입관. 편견이나 선입관으로 카드를 직관적으로 해석하지 않고 자신의 고정된 생각이나 치우친 견해로 해석하면 오류가 발생한다.

의식으로 '있는 그대로' 사물의 본질을 꿰뚫어 보는 것이 필요하다. 그리고 카드를 제대로 읽기 위해서는 카드 해석자가 카드를 펼칠 때 처음으로 느껴지는 생각, 그 첫 생각을 믿을 필요가 있다. 사실, 카드 해석자에게는 여신에 대한 믿음과 자신의 카드 해석에 대한 확신이 중요다.

8. 타로카드와 심리치료

타로카드 점은 질문자의 내면을 읽어주고 마음 상태를 점검해 주며 여신이 현재의 상태에 대해서 조언을 해준다는 점을 잊지 말아야 한다. 다시 말해서, 질문자가 "제가 내년에 취직하겠습니까?"라고 물었을 때 대답이 Page of Swords 카드가 역방향으로 나왔다면 "현재 당신이 정신적으로 불안정하고 준비가 부족하다"라고 해석할 수 있다. 즉, 취직에 대한 Yes/No의 대답보다도 현재의 질문자의 상황을 알려줌으로써 질문자가 앞으로의 날들을 제대로 준비하라고 조언해 주는 것이다.

자신의 마음상태를 읽어주기 때문에 자신이 어떻게 마음을 가져야 하는지 알 수 있다. 죽음이라는 카드 자체가 나왔을 때도 죽음이라는 의미가 반드시 육체적으로 죽는다는 뜻이 아니라 죽음과 같은 상황 즉, 불안과 공포 그리고 두려움 등에서부터 정신적 공황 등을 뜻할 수 있다. 《따라하며 쉽게 배우는 타로》의 정방향 해석들 중의 일부를 인용하면 "실패, 계속되는 손해, 정지상태, 이별"등이 나온다. 즉, 타로카드는 미래를 예언해 주는 것 못지않게 질문자나 타로 해석자의 마음 상태를 반영한다. 따라서 정신과 환자들에 대해서도 타로카드를 통해서 그들의 심리를 읽게 되면 어떻게 치료해야 되는지도 답을 얻을 수 있다.

9. 타로카드 정화하기

타로카드 해석자 자신의 마음을 정화하기 위해서는 먼저 카드를 정화해 둘 필요가 있다. 타로카드 정화란 타로카드를 자신의 몸과 하나로 만들어 가는 것이다. 검객이 검과 하나가 될 때 신검의 경지에 이를 수 있는 것처럼, 타로카드 해석자도 타로카드와 하나가 될 때 고수의 경지에 이를 수 있는 것이다. 이러한 경지는 심오한 경지로서 예를 들어, 카드를 선택한 후 뒤집지도 않고 즉시 카드의 그림과 유형을 알아맞힐 수 있는 것을 말한다.

타로카드를 정화하기 위해서는 타로카드에 온 정신을 집중해서 마음을 모은다. 그리고 자신의 정신 에너지를 빛으로 떠올린 뒤 빛을 다시 카드에 비춘다. 타로카드 덱이 빛으로 변화된다고 생각하게 되면 자신의 정신과 타로카드 덱 자체가 빛으로 변하게 되고, 타로카드와 자신은 하나가 되는 것이다. 카드가 사람들의 손에 의해서 더럽혀지거나 불결하게 느껴지면 이와 같은 명상법을 통해서 타로카드를 정화하면 된다. 맑고 밝은 에너지를 타로카드에 주입시키면 타로카드는 정화가 된다고 할 수 있다.

10. 타로카드와 상징체계

타로카드의 백미(白眉)는 상징체계를 이해하는데 있다. 특히, 22개의 메이저 카드는 인간의 인생 여정을 상징적으로 도식화한 것으로 숫자의 순번대로 따라가다 보면 0번 바보가 21번 우주와 합일하는 과정을 깨닫게 된다. 선사(禪師)들이 깨달음을 얻어 득도의 경지에 이르는 과정처럼, 풋내기 학인(타로카드에서는 바보-The Fool)이 어려운 역경을 겪고(각종 고난과 죽음, 악마 등의 시달림을 통해서) 결국은 광명의 세계를 얻는 과정을 그리고 있다. 이것은 타로카드 자체가 인생을 담고 있고 우주를 담고 있고, 깨달음을 담고 있다는 것을 의미한다. 신비주의 학파이자 오컬트 분야인 신지학에서도 추구하는 바는 불가(佛家)의 깨달음, 즉 기독교의 구원과 동일하다.

타로카드는 상징들의 세계이다. 이러한 상징은 이미지라고도 하며 우리 마음의 심상을 반영한다. 마음의 세계는 의식, 무의식(잠재의식), 초의식(신의식-Consciousness of God, 우주의식)으로 구성되어 있다고 말한다. 타로카드 리딩은 바로 인간의 미래에 대한 초인적인 의식을 읽어내는데 있다. 그것이 무의식이 되었든 초의식이 되었든지 말이다. 분명한 사실은 보이지 않는 세계[9]에서 현실계에 미래에 대한 사실을 알려준다는 것이다.

타로카드는 상징을 통해서 해석자의 의식을 우주적으로 확장시킨다. 상징은 타로카드 해석자 혹은 질문자의 무의식의 현현(顯顯)이다. 자신의 마음 상태를 자주 읽어냄으로써 자신이 어떻게 행동하고 어떻게 살아가야 할지 명확한 목표가 정립된다.

9) 데비드 봄(David Borm 물리학 박사는 이를 암재계-Implicate Order라고 명명하였다. 즉, 우리의 눈으로 식별할 수 없고 인지할 수 없는 보이지 않는 세계가 존재하고 있다는 것이다.

11. 타로가 보여주는 인생여정

자신의 현재 상태와 미래에 대해서 타로카드로 점을 치고 자신의 마음을 읽고 왜 이런 의미의 타로카드가 나왔는가를 성찰하고 더 나아가 끊임없이 미래에 대한 자신의 행위와 사건들에 대해 성찰하고, 자신의 현재 마음 상태를 고요하게 들여다 볼 수 있어야 한다. 신(God)이라는 존재 자체는 '무한한 체험'(Infinite Experience, Eternal Experience)이라고 할 수 있다. 우리는 현생의 삶으로부터 무한한 체험을 하고 배움을 얻어야 한다. 타로점이라는 것은 우리의 미래와 우리의 마음 상태를 읽어가면서 미래에 대해서 준비하고 항상 새로운 마음과 새로운 각오로 삶에 도전하는 진취적 기상을 가지도록 해 줄때 필요한 것이다.

타로카드의 22 개의 메이저 아르카나는 어리석은 바보(무지자:無知者)의 인생 여정이다. 천로역정처럼, 온갖 희로애락 속에서 삶을 살다가 깨달음의 길을 걷고 드디어 우주와 하나가 되는 우아일체(宇我一體)의 경지에 도달한다. 우주가 하나가 되기 위해서는 우주의 속속들이 깊은 곳까지 하나하나 자세하게 경험하고 깨달아야 한다. 우주를 구성하는 부분들을 이해하지 않고서는 결코 여행자는 완전한 우주가 될 수 없다.

바보(Fool)는 자신의 무지(어리석음)를 타파해야 한다. 이를 위해서는 노련한 마법사의 기술과 통찰력 있는 고위 여사제의 지혜가 필요하다. 때로는 여왕의 우아함을 목도하기도 하고 황제의 강한 의지를 본받기도 한다. 그리고 교황의 가르침을 받기도 한다. 하지만, 세속적 삶을 살아가면서 연인을 만나 사랑하기도 한다. 그리고 인생의 전투에 도전하기 위해 전차를 몰고 나가기도 한다. 힘으로서 인생에 도전하고 은자로서 살아가기도 하며, 운명의 바퀴에 울고 웃기도 한다. 정의를 지키며 혹은 매달린 사람처럼 희생을 요구받기도 한다. 죽음에 가까이 가기도 하고 영적으로 환골탈태(부활)하기도 한다. 이는 모두 성적인 금욕 등 수많은 계율과 절제를 통해서 가능하다.

그러나 바보는 아직 무지를 타파하지 못하여 악마의 사슬에 묶여 성적으로 타락해 보기도 한다. 탑이 붕괴되면서 지상으로 내팽겨쳐져 죽음의 위험도 경험해 보지만 별과 달과 태양의 도움으로, 즉 신(God)의 도움으로 살아나게 된다. 바보에 대한 심판의 날은 오고 결국 바보는 모든 역경을 겪고 드디어 완벽한 세계, 즉 우주와 합일하게 된다. 우주와 하나가 된 바보는 이제 어리석은 사람이 아니라 신(God)과 하나가 되며 지혜 중의 지혜가 된다.

누구나가 삶의 여정은 비슷하다. 악인을 만나 고통을 당하기도 하고 삶으로부터 버림받기도 하고 많은 눈물과 시련을 경험하고 이를 통해서 수많은 변화(Transformation)를 경험하고 영적으로 진화(Evolution)하게 된다. 인생의 수많은 사건들과 상황들을 통해서 사람은 변화를 요청받게 된다. 그것은 신(God)의 요청이 될 수 있고 자신의 내면의 요청일 수 있으며 자신의 총체적 무의식의 요청일 수도 있다. 타로카드에서 바보(무지자)는 끊임없이 삶과 환경을 통해서 바꾸어 나가야 한다. 즉, 삶의 변화를 배울 때 세상의 양상을 이해하게 되고 우주의 질서와 신(God)의 섭리를 깨닫게 될 수 있다.

12. 78개의 카드와 성명쌍수(性命雙修)

메이저 아르카나와 마이너 아르카나는 성명쌍수[10]에 해당한다.

☑ Major Arcana(대비밀) : 성명쌍수 중 성(性)에 해당된다.
= 성품, 참나, 자기(Self), 본 면목, 순수한 영혼, 의식

- 메이저 아르카나 카드는 질문자의 특성과 정신상태를 드러낸다. 즉, 질문자의 의식 상태를 읽어낼 수 있다.
- 빛(Light:엘릭서-Elixir), 현자의 돌(Philosopher's Stone)에 해당되는 개념이다.
- 정신적인 것과 관련된 욕망, 문제, 상황이 드러날 때 메이저 타로카드가 많이 나온다.

☑ Minor Arcana(소비밀) : 성명쌍수 중 명(命)에 해당된다.
= 의지, 행동, 삶, 인생, 행위, 세상살이, 인간관계

- 마이너 아르카나 카드는 질문자 삶과 생각의 방향을 보여주고 아이디어를 설명하고 직장 내 관계나 넓은 의미의 대인관계, 가족관계를 설명한다.
- 지수화풍(차례대로, Pentacles, Cups, Wands, Swords)에 해당되는 개념이다.
- 물질적인 것과 관련된 욕망, 문제, 상황이 드러날 때 마이너 타로 카드가 많이 나온다.

---

10) 성(性)과 명(命)을 함께 수행해야한다는 뜻으로 성은 마음을, 명은 삶을 각각 뜻한다. 따라서 성명쌍수란 마음과 삶(행동)을 바르게 닦아 나가는 것을 의미한다.

13. 슈트의 Key Word 설명

☑ **완즈(Wands) : 지팡이로서 창조력의 불꽃**

- 핵심어: 일(Work)과 사회활동(Social Activities)
- 불(Fire)의 요소: 활동(Action), 열정(Enthusiasm), 용기(Courage), 열망(Zeal), 정열(Passion), 진취적 정신(Enterprise), 행동, 모험, 낙천주의, 에너지, 시작, 투쟁 상징
- 황도대 사인(Zodiacal Signs): 양자리(Aries), 사자자리(Leo), 사수자리(Sagittarius)

☑ **컵스(Cups) : 성배로서 감정의 물줄기**

- 핵심어: 사랑(Love)과 감정(Emotion)
- 물(Water)의 요소: 감정(Emotions), 직관(Intuition), 잠재의식(Subconscious), 기억(Memories), 탄생(Birth), 결혼, 사랑, 공상, 수동성, 관계(인연)
- 황도대 사인 : 게자리(Cancer), 전갈자리(Scorpio), 물고기자리(Pisces)

☑ **펜타클(Pentacles) : 금화로서 물질적 기반**

- 핵심어: 돈(Money)과 건강(Health)
- 흙(Earth)의 요소: 안정성(Stability), 의존성(Dependability), 신뢰성(Reliability), 물질적 소유(Material Possessions), 건강문제들(Health matters), 재능과 기술로서의 일, 견고함, 자연, 책임감
- 황도대 사인 : 황소자리(Taurus), 처녀자리(Virgo), 염소자리(Capricorn)

☑ **소드(Swords) : 바람을 가르는 지성의 칼날**

- 핵심어: 문제(Problems)와 고통(Troubles)

■ 공기(Air)의 요소: 정신적 태도(Mental attitudes), 차별(discrimination), 투쟁(Strife), 적응성(Adaptability), 정신적 활동, 갈등, 고통, 진취성,
■ 황도대 사인 : 쌍둥이자리(Gemini), 천칭자리(Libra), 물병자리(Aquarius)

14. 궁정 카드(Court Cards)

① 궁정카드는 16장으로서 왕(King), 여왕(Queens), 시종(Pages), 기사(Knights)로 나눠있다. 궁정카드는 친구, 가족, 연인, 직장사람들과 같은 질문자에게 영향력 있는 사람들을 의미한다. 또한 질문자의 마음에 있는 아이디어를 의미하기도 한다.

② 궁정카드는 점성술 싸인(ex 물병자리, 물고기자리 등)과 물질적 특성들을 의미하기도 한다. 예를 들어 Knight of Wands는 점성술에서는 양자리를 의미하며 King of Pentacles는 '돈'과 관련지으면 된다. 한편으로는 궁정카드가 정방향(Upright)일 때는 관련된 사람과 아이디어의 긍정적 특성들을 의미하며, 역방향일때는 부정적 영향을 의미한다.

③ 궁정카드가 카드 리딩 시 마지막 카드라면 이벤트가 해당 카드의 점성술 싸인 시기에 나타날 것이다. 내담자(질문자)가 또 다른 사람으로부터 정보를 받게 될 수도 있다. 또는 질문자는 다른 어떤 사람이 질문과 관련된 결정을 내리기를 기다리게 될 수도 있다.

④ 궁정카드의 특성
왕(Kings) - 35세 이상, 아버지 모습, 권위, 지혜, 경험의 상징
여왕(Queens) - 35세 이상, 어머니, 권위, 성숙, 양육, 보육, 이해

기사(Knight) - 25세에서 35(40)세, 전령사(메신저)를 의미, 남자 또는 여성이 될 수 있음
시종(Pages) - 한 살에서 21(25)살, 시종은 다양한 성장과 경험단계에 있는 아이들을 의미함. 메신저, 학생, 젊은 성인

참고자료〉 지·수·화·풍(펜타클/완즈/컵스/소드)

地(흙) = 펜타클. 펜타클은 육체, 몸, 돈, 재능, 기술, 부 등을 뜻한다. 만약 펜타클의 기초를 잘 이루지 못하면 결코 완즈의 열정을 얻을 수 없다. 펜타클의 에너지를 모아서 열정의 에너지를 산다.

火(불) = 완즈. 완즈는 열정, 에텔체, 사회적 활동, 경력(커리어), 프로젝트, 일, 운동, 움직임, 직장관계 등을 뜻한다. 만약 완즈의 기초를 잘 이루지 못하면 결코 컵스의 자비와 사랑을 얻을 수 없다. 완즈의 에너지를 모아서 컵스의 에너지를 산다.

水(물) = 컵스. 컵스는 감성, 감수성, 사랑, 예술, 자비, 미술, 음악, 감정, 아스트랄체, 낭만, 애정, 대인관계 등을 뜻한다. 만약 컵스의 기초를 잘 이루지 못하면 결코 소드의 지성을 얻을 수 없다. 컵스의 에너지를 모아서 소드의 에너지를 산다.

風(바람) = 소드. 소드는 지성, 지능, 앎, 지혜, 지식, 해결해야할 문제, 고통, 정신적 어려움, 번민, 문제의식, 멘탈체 등을 뜻한다. 만약 소드의 기초를 잘 이루지 못하면 결코 윤회세계를 이해하거나 메이저 아르카나의 세계를 마스터해 나갈 수 없다. 소드의 에너지를 모아서 메이저 아르카나의 에너지를 산다.

마이너 아르카나 지수화풍을 상징하는 펜타클/완즈/컵스/소드의 에너지를 잘 활용하여 메이저 아르카나의 세계를 이해하고 그럼으로써 윤회를 벗어나 깨달음을 뜻하는 대원(大圓:세계/우주 카드)의 경지에 이르게 된다.

15. 78장의 타로카드에 대한 핵심비결

☑ 메이저 아르카나

여기서는 타로카드의 핵심비결을 설명하고자 한다. 78장에서 매우 중요한 핵심팁만 제공하므로 암기해 실전에 활용하면 된다.

0) 바보(The Fool)

정방향: 방랑벽, 홀가분한, 자유정신, 자유연애, 떠나고 싶은, 떨쳐버리고 싶은, 새로운 세계로의 여정, 초심(初心), 새로운 환경에 들어서니 주의할 것, 떠나다

역방향: 쫓겨나다, 발을 잘못들여놓는, 감정적인, 제멋대로, 신중하거나 사려깊지 못한, 천방지축, 속기 쉬운, 건달

1) 마법사(The Magician)

정방향: 사교적인, 기공사, 기술자, 외교관, 의사, 멘토, 치유(치료), 쇼맨십이 강한, 이상과 현실의 조화, 손재주가 있는

역방향: 교묘한, 바람둥이, 사기(꾼), 오진(誤診), 너무 재능이 많아 실속이 없는, 의지가 약하고 주변 눈치를 보는, 허풍, 벌이기만 좋아하는, 용두사미, 속임수, 강제적으로 공부시키는 멘토

2) 고위여사제(여교황:The High Priestess)

정방향: 정신적 풍요, 홀로 인내하며 기다리는, 법공부나 법관련, 숨겨진 영향력 또는 빽, 말을 아끼는, 사모(思慕), 내면적 지혜와 직관,

역방향: 미숙한, 결벽증, 고집 세고 미숙한, 까다로운, 미혼모, 레즈비언, 뒤로 호박씨 까는, 불임, 비밀이 새다, 정신세계에 대한 집착, 순결상실, 노처녀, 집중이 잘 안되는,

3) 여황제(The Empress)

정방향: 물질적 풍요, 주목의 대상(전화번호 바꾸지 말라), 의사소통, 연상의 성숙한 여자. 미스코리아나 모델처럼 아름다운 여성, 단기적 임무의 완성, 임신, 여사장, 귀부인, 예술적인, 치마 바람을 일으키는, 밤에는 농염한

역방향: 주목을 못 받고 소통이 안 됨, 원치 않던 임신, 과도한 물질적 낭비와 손해, 생산력 저하, 전화 안받거나 안옴, 구설수

4) 황제(The Emperor)

정방향: 책임감 있는, 가부장적인, 나이가 있는, 돈 있는 남자, 고집세고 움직이려고 하지 않는, 부동산 있는

역방향: 의지력 나약하고, 이랬다 저랬다하며, 권력을 부당하게 이용하고, 힘으로 누르려는 권위. 자존심을 너무 세우지 말라. 경제적 능력 부족, 감정적인, 불안한

5) 교황(The Hierophant)

정방향: 구세주(귀인), 브랜드, 족보, 텃세, 학원원장, 중매자, 순응(순종)하는, 믿음직스러운, 의지할 만한, 돈을 밝히는, 제도권의, 판사, 교주, 공부 많이 한, 체면중시

역방향: 도움을 주어도 힘들게 하는 조언자나 엉터리 귀인, 사이비 교주, 동업하면 좋지 않음, 자유로운 사유, 개방적, 남의 도움을 받지 말 것, 관습 탈피, 퇴학, 허례허식, 사고방식의 차이

6) 연인(The Lovers)

정방향: 여친이 남친을 사귀어야할지 고민, 동업해야할지 갈등, 자신의 마음을 잘 몰라주는 이성친구나 애인

역방향: 남친이 여친을 사귀어야할 지 고민, 욕망이나 물욕에 치우치고 플라토닉 사랑이 깨진, 겉으로는 만나지만 마음에서 멀어진 연인, 불행한 연애, 동업하지 마라.

7) 전차(The Chariot)

정방향: 애인간에 라이벌 의식이 있는, 돈이 있어야 움직이는, 조정과 타협, 강한 통제력이 요구되는, 강한 의지가 필요한, 겉은 강한 척 하나 속은 갈등이 있는,

역방향: 이사 못한다. 성급히 하려고 하지 마라. 좌절하거나 도망다님, 질병, 욕망, 라이벌, 돈문제로 어려움을 겪는

8) 힘(Strength)

정방향: 여친이 남친을 칭찬해 주어야 하는, 참고 견뎌내야 하는, 사랑이 증오보다 우선하는, 자기 확신의 필요, 두려움을 이겨낼 것,

역방향: 강압적이고 자기 멋대로 행동, 실력 부족, 인내력 부족, 용기, 도덕의 부족, 위장병, 질병의 재발

9) 은자(The Hermit)

정방향: 숨는, 피하는, 자기도취, 선생 자격이 있음. 독신, 외로움. 지식인, 대학원생, 영적 구루, 비밀, 탐구와 지혜, 사색과 성찰, 조용한 연애, 침묵의, 조용한 상담자

역방향: 운둔하다 나오는. 몇 일 기다려 봐라. 우울, 외로움을 못이겨 나온 남친, 믿음을 저버리는, 경박한 사랑, 선생자격이 없음, 분별력 없음, 비밀을 누설하는, 미성숙한

10) 운명의 바퀴(The Wheel of Fortune)

정방향: 호운(好運), (아이들 교육시키려면) 가르치고 놀아줘라. (사회적 일에 대해서) 관리하고 일을 하라. 좋은 카르마, 이동수, 변화수, 변덕

역방향: 악운(惡運), 지나치게 놀지 말라, 지나친 노동은 금물, 관리를 잘하라. 인연 아님, 기복이 심한

11) 정의(Justice)

정방향: 얻은 만큼 나감, 승소(勝訴), 주고 받는게 (give and take)가 정확함, 지나치게 딱딱한, 정직한, 애인 간에 서로의 의견과 입장을 지켜주고 옹호하는,

역방향: 너무 정확하려고 하지 마라. 너무 정밀하고 세밀하게 판결하려고 하지 말라. 남과 비교하지 마라. 패소(敗訴), 잘못된 법조인, 감정에 치우친(감정적인), 치우친 사랑

12) 매달린 사람(The Hanged Man)

정방향: (일반적으로 자기가 원해서 하는) 희생, 시련의 시기. 헌신. 묶여 있는, 실제로 (병원에 입원 등을 해서) 움직이지 못하는 상황. 진퇴양난, 남과 다른

역방향: 헛고생, 매달리지 말 것, 강요된(억지의) 희생. 미칠지경, 그냥 지켜봄, 정신 차릴 것, 맹목적 사랑

13) 죽음(The Death)

정방향: 과거의 종결(종료/종말), 새로운 시작. 실업, 망각, 죽음, 헤어짐, 무서운 사람, 기선제압, 단념, 체념

역방향: 기분전환. 기사회생, 과거 인연을 새롭게 이어나감, 마음을 바꾸다가 만, 개과천선, 엄포놓고 다시 개선, 단념하지 말 것, 저승사자가 오다가 되돌아가는

14) 절제(Temperance)[11]

정방향: 두 가지 상반되는 것을 섞음, 균형. 융합, 침묵과 조용히 있는, 속마음을 내비치지 않는, 마음에서의 원활한 교류, 동업 가능, 주고받음, 때를 기다릴 것,

역방향:쓸데없는 일이 많음. 믿는 도끼에 발등 찍히는, 소모, 지침, 낙태, 동업하면 돈낭비. 조정능력이 없는

11) 중용(中庸)과 중도(中道)를 상징함.

15) 악마(The Devil)

정방향: 음탕한 성관계, 강박증, 구속, 집착, 물욕에 사로잡힌, 빚더미, 마구니 소행, 돈이 생겨도 다시 나가는

역방향: 성관계를 피하라. 해방, 구속으로부터 벗어남, 질병 개선, 악연으로부터 벗어남, 물욕에서 탈피

16) 탑(The Tower)

정방향: 교만/아집/아상/에고[12]를 무너뜨림, 돌이킬 수 없는 붕괴내지 와해, 망함, 분노폭발, 이별해서 안좋은

역방향: 도산/파산/불법업체, 교만, 잘난 체, 싸운 후 후유증, 망할 가능성이 높음, 이별해서 홀가분한

17) 별(The Star)[13]

정방향: 내면의 별을 깨닫다. 건전한 여성상, 샛별 같은~ (아이디어)[14], 분산투자(하나는 성공 하나는 실패), 건전한 양다리, 치유, 희망, 건강

역방향: 기대 밖의 상대, 별 볼일 없는~ (아이디어). 순수하지 못한 여성상. 여성상을 키울 필요가 있음. 기대 밖의 상대, (유부남/유부녀와의) 불건전한 양다리

18) 달(The Moon)[15]

정방향: 달이 뜬, 불안. 근심스러운~, 진지한~. (시험의 경우) 경쟁률이 높음. 숨은 적이 있거나 신경피로에 의한 병, 삼각관계, 정신과 치유, 상담, 말못할 사연

역방향: 근심에서 벗어난, 걱정하지 말라. 시험 등은 긴 안목에서 봐라. 속임수가 드러남, 속마음을 터놓는

---

12) 탑은 에고를 상징함.

13) 큰 별은 거대한 아이디어를 갖고 있는 사람을, 작은 별 7개는 작은 아이디어를 갖고 있는 사람(일반적으로 부하)들을 상징함.

14) 물병의 물을 붓는 것은 노력과 투자를 상징함.

15) 시험을 상징하는 타로카드

19) 태양(The Sun)

정방향: 순수한 마음. 삶의 기쁨과 힘 넘치는 생명력, 운수형통, 성공, 태양이 뜨는 시기(운). 우쭐하는, 마마보이, 후원자나 빽이 든든한, 불과 관련된 사업에 좋은

역방향: 활동기(활기)가 시들어감. 순수한 마음을 악용. 운이 저묾, 태양이 지는 시기(운). 생산력 저하, 조용히 지낼 것, 나서지 말 것, 사랑이 식어가는, 미래가 불분명해진

20) 심판(Judgement)

정방향: 건강회복. 남자가 여자를 칭찬해주는, 육체적 부활. 여자에게 우선권. 여자의 손을 들어줌[16]. 여자편이 맞음. 강사, 소식이 옴, 합격, 진실한, 같은 것을 다시해서 이번에는 성공(재취업/재기/재회 가능)

역방향: 남자에게 우선권. 남자의 편을 들어줌. 남자편이 맞음. 재기불능, 지긋지긋함, 되풀이 되는 실수,

21) 세계(The World)

정방향: 완성. 해외 유학감. 번역, 통역, 해외시장 개척. 해외부서, 수출과 수입 관련, 장기적 목표달성, 브레인스토밍, 훌륭한 토론, 칭찬과 환호, 결혼

역방향: 미완성될 가능이 있음(주로 정방향의 의미가 부정되거나 방향이 바뀜). 국내로 들어옴. 국내부서, 추락, 실추, 함정에 빠지는, 우물안의 개구리, 탁상공론, 비전 부족, 눈총을 받는, 구설수, 주변 친구나 동료들의 배신,

---

16) 천사가 나팔을 여성에게 불어줌. 역방향은 반대로 남성에게 불어줌.

☑ 마이너 아르카나

A. 마이너 아르카나 완즈(Wands)

1. Ace of Wands(지팡이의 에이스)

정방향: 열정을 믿어라. 열정의 시작, 열정을 가지고 새로운 세계로 진입, 회초리, 일/직장 준비

역방향: 열정에 대한 의심, 거짓된 열정의 시작, 애초부터 불리한 싸움, 확고한 의지 부족

2. Two of Wands(지팡이의 2)

정방향 : 내실을 다지면서 야망을 펼칠 것. 둘 중 한 가지를 선택하라. 가정보다는 야망, 해외나 유학을 희망하는, 여자를 꽉 지는 남성, 사업 준비 중

역방향 : 두 가지 문제나 일에 매달림으로서 곤란을 겪다. 슬픔과 곤란, 여성이 겉돌거나 제멋대로의

3. Three of Wands(지팡이의 3)

정방향: 무역업, 회원제 사업, 체인점. 기다리는, 기대하는, 믿는, 도움을 받아도 좋은, 고향을 그리워하는

역방향: 남의 도움을 받는 것을 조심하라, 무리한 계획, 대부 받지 마라, 기업의 규모를 더 이상 늘리지 마라. 고향을 벗어나지 마라. 누군가가 당신을 기다리고 있는,

4. Four of Wands(지팡이의 4)

정방향: 결혼 성공. 새아파트를 얻은, 신혼의

역방향: 빛바랜 사랑, 셋집에서 쫓겨 나는, 집값이 흔들리는, 안정적 분위기가 깨지는

5. Five of Wands(지팡이의 5)

정방향: 싸움과 경쟁, 힘든 상황, 경쟁에서 이겨라, 선의의 경쟁은 돈을 만들어 준다. 장난 같지만 진짜 같은 싸움. 협력자와의 갈등. 경쟁자가 많음
역방향: 진짜 같지만 장난 같은 싸움. 힘든 상황은 아님. 휴식 후 다시 경쟁하는, 경쟁에서 비켜날 것, 개인적 혹은 그룹간의 갈등에 대한 두려움.

6. Six of Wands(지팡이의 6)

정방향: (주로 여성을 성적으로) 정복, 승리, 하극상의 암수(暗手)가 존재하므로 주의. 승리는 했으나 찜찜한 조짐이 보이는, 과신하지 말 것.
역방향: 불충과 하극상, 승리를 얻기에는 힘이 부침. 이득/결말을 내기가 힘듦. 여친을 놓치고 직장에서 강등되거나 좌천되는

7. Seven of Wands(지팡이의 7)

정방향: 방어에 가까스로 성공, 쓸데없이 남의 일에 끼어들거나 하지 않아도 될 일을 하는, 잡념을 다스리려는 노력. 불같은 성격을 다스림, 번뇌 타파,
역방향: 잡념과 번뇌를 다스리지 못하는 상황, 방어 실패, 망설임, 남의 일에 뛰어들어 어려움에 빠지는,

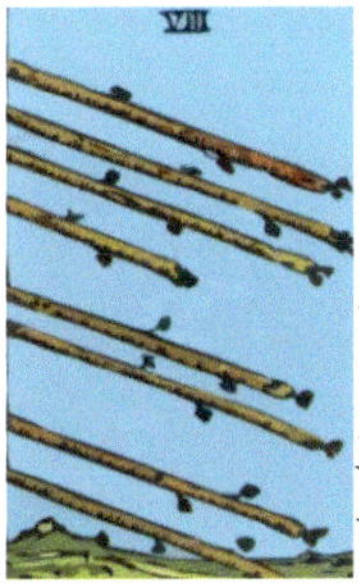

8. Eight of Wands(지팡이의 8)

정방향: 신속. 지나치게 서두름, 일이나 문제를 급히 처리하다. 사랑의 메일이나 메시지, (시험에) 떨어지는
역방향: 변화없음, 서둘지 말 것, 질투의 편지, 원망과 증오의 화살. 너무 지나치게 빨리 처리하지 마라. 단계적으로 천천히, 지체, 정체

9. Nine of Wands(지팡이의 9)[17]

정방향: 하나만을 고수하는, 현재의 것(직장, 직업, 집 등)을 지키려고 필사적으로 노력하는, 싸움에 지친/고투 중의 휴식, 주변 눈치를 살펴야 하는 상황
역방향: 의심, 역경과 두려움, 신경과민, 왕따 당하는, 가진 것을 놓치는, 애인을 잃거나 남에게 빼앗기는

10. Ten of Wands(지팡이의 10)

정방향: 일을 열정적으로 지나치게 몰아붙임, 너무 친하려고 하는, 일에 과도한 몰입, 열정, 압박, 정신적 부담(Load), 놓치 않으려고 하는
역방향: 쉬엄쉬엄하는, 정신적 어려움으로부터 벗어남, 달려가지 말 것, 기다릴 것. 잠시 휴식, 책임공유

11. King of Wands(지팡이의 왕)

정방향: 숨겨진 번뇌가 있는 남편, 약간의 의처증이 있음, 의심은 조금 있지만 열심히 일하는 열정의 왕
역방향: 번뇌가 많은 남편, 의처증이 중함. 초조, 불안, 의심이 많은

12. Queen of Wands(지팡이의 여왕)

정방향: 의부증이 있음. 의심과 열정의 여왕
역방향: 마음의 기복(변화), 의부증이 중함[18]

17) 뒤의 8개의 지팡이는 구원을 뜻하며, 머리띠는 정신병, 지팡이를 쥔 사람의 눈은 의심, 쥐고 있는 지팡이는 의지 처.
18) 검은 고양이는 처리하기 곤란한 부하나 남편으로 상징치환됨.

13. Knight of Wands(지팡이의 기사)

갑옷: 무장
말: 자동차, 오토바이
갑옷의 붉은색 깃털 : 쿤달리니(순수한 에너지)
정방향: 여성을 찾아 나서기, 화려한 옷을 입고 글씨 쓰여 진 옷을 입고 여성에게 접근. 몸으로 애정 표현 잘 할 것, 직업으로는 경찰.
역방향: 방해

14. Page of Wands(지팡이의 견습생)

정방향: 연인에 대한 각별한 사랑, 믿음직스럽고 충성스러운 사람(한 사람만 바라보는 연인이나 배우자)
역방향: 당신의 마음을 아프게 할지도 모르는 사람, 믿음을 저버리는, 애인에 대한 관심과 애정이 식은, 팀장이 팀원들에게 더이상 기술력과 관심을 전수하거나 보이려고 하지 않는

B. 마이너 아르카나 컵(Cups)

1. Ace of Cups(술잔의 에이스)

비둘기 : 천사, 순결
컵 : 약병
연꽃 : 중생
물 : 자비와 사랑의 물(약)
정방향: 감성적으로 좋음, 감성과 자비의 시작, 풍요
역방향: 감정적으로 힘듦, 거짓된 마음, 거짓된 기쁨, 사랑으로 남을 구속할 수 있는

2. Two of Cups(술잔의 2)

엉켜서 올라가는 두 뱀과 사자는 성적인 결합으로 황홀에 이르는 쿤달리니(Kundalini)를 상징
정방향: 협력하고 있음. 남자가 먼저 프로포즈.
역방향: 협력하라. 남녀 애정관계를 부정적으로 보지 말라. 여자가 먼저 청혼하는 것이 좋음.

3. Three of Cups(술잔의 3)

정방향: 축제지만 조금은 찜찜한 축제, 악독한 여성이 컵을 바짝 들이 밀어 기분을 나쁘게 함, 축하와 축배의 카드. 축배
역방향: 지나치게 놀았음, 잘못된(가장된) 즐거움, 즐거움. 즐거움 속에 괴로움이 있음. 고배(쓴 술)

4. Four of Cups(술잔의 4)

정방향: 컵-사랑을 받지 않는 모습을 상징, 이성에 대한 무관심. 피로와 실증, 과거사랑에 대한 집착
역방향: 컵을 취함으로써 새로운 관계들, 새로운 지식, 무의식 깊이 이성에 대해서 관심을 가져라. 새로운 인연과 새로운 도움

5. Five of Cups(술잔의 5)

정방향: 부분적인 상실, 피를 흘릴 정도의 큰 육체적 감정적 상처, 비탄, 마음을 너무 오픈해서 상처 받는, 미련을 버릴 것.
역방향: (남아있는 두 컵을 통한) 희망적인 전망, 상처를 받을지 모른다는 생각, 사랑보다는 우정으로 사귀어라.

6. Six of Cups(술잔의 6)

정방향: 추억과 과거 회상, 순수한 마음의 선생이 순수한 마음의 제자에게 가르침 전수
역방향: 과거 기억을 잊어라. 보너스를 떼먹은, 밀린 월급을 주지 않는, 과거에 집착하는

7. Seven of Cups(술잔의 7)

정방향: 환상, 망상, 한낮의 꿈, 공상, 공중누각, 비현실적인, 너무 욕심이 많은, 누군가가 조종하는
역방향: 공상이 현실화됨, 현명한 선택, (떨어지는 컵들을) 잡으려고 하는, 빠른 행동과 조치가 필요한

8. Eight of Cups(술잔의 8)

정방향: 컵을 8개만 쌓은 후 은둔하러 들어감, 노력의 중단, 포기한 성공, 도 닦으러 산속으로 들어감[19], 누군가가 뒷담화하는
역방향: 그간 쌓은 컵을 완성하기 위해서 되돌아옴. 산속에서 돌아옴. 계율을 깸, 하산, 성공할 때까지 노력을 지속함.

9. Nine of Cups(술잔의 8)
정방향: 성공, 매우 감성적인 나이 많은 사람(특히 남자). 물질적 만족, 왕자병,
역방향: 손해, 손실, (남자친구 잘못 사귀어) 돈 손해. 감성만 많은 나이든 남자. 감정적인 남자. 사기성이 있는, 무언가 숨겨놓은게 있는

19) 세계(World) 카드 역방향과 비슷한 의미를 지닌다. 세계카드는 목표달성 도중 환경에 의해서 중도하차를 의미하지만 Eight of Cups는 자신이 스스로 포기하는 것을 뜻한다. 하지만 언젠가 다시 돌아와 미완성된 것을 완성할 수 있음을 암시한다.

10. Ten of Cups(술잔의 10)

숫자 10: 숙달, 유전(전통), 끝맺음
두 부부: 현실을 즐겁게/ 10개의 컵: 약병
정방향: 계속 약 먹어라. 감성의 극한(10은 끝을 의미), 감성적 기쁨의 극치. 치아 교정 또는 치유가 된
역방향: (가정)작은 싸움, 가정화목을 소중히 해라. 가정내의 가벼운 싸움.

11. King of Cups(술잔의 왕)

물고기는 무의식을 상징함
정방향: 친절하고 의지할 수 있는 동정심 많은 사람, 감성과 경각심을 잘 활용하는 인자한 아버지상. 음주가무를 좋아하는
역방향: 지나치게 감정적인 아버지상. 주색잡기에 빠져있는

12. Queen of Cups(술잔의 여왕)

정방향: 사랑에 집요한 성격의 어머니상, 사랑에 집착하는, 이상과 현실의 괴리감. 이상적인.
역방향: 바르지 못한 사랑(감성)에 집요한 여성상. 너무 지나치게 감정적이거나 이상적인. 현실을 중시할 것.

13. Knight of Cups(술잔의 기사)

정방향: (특히 남자가 여자에게) 프로포즈, 스카웃제의
역방향: 농간, 속임수, 거짓된 청혼. 사기성이 있는 시도. 컵을 가져가다 돌아서는(돌아오는), 무엇인가 의도가 숨겨진 제안을 받는,

14. Page of Cups(술잔의 견습생)[20]

정방향: 획득. 포획, 소주방 사업 가능, 술에 만취, 예술적 재능이 있는, 디자인 학과 학생이나 교수

역방향: 잡은 것을 놓침, 성벽(Sexual Lust), 엎지러진 물을 다시 담을 수 없다. 술에 취한 상태, 사랑에 집착하는, (딸의) 마음을 지나치게 들여다 보는

C. 마이너 아르카나 소드(Swords)

1. Ace of Swords(검의 에이스)

정방향: 결의/맹세, 진취적 기상, 에고와 아집를 타파하는 지성의 힘, 신(God)의 지성. 심오한 지성적 사랑. 에고를 부수는 강인한 지성적 이미지. 남성(여성)이 여친(남친)을 쥐려고 하는

역방향: 보수적인 아버지, 일인자, 폭정, 잘못된 주도권과 권력, 잘못된 일인자, 독재자.

2. Two of Swords(검의 2)

정방향: (균형과 조화의 올바른 의미) 화합. 문제를 눈감고 안보고 있음, 편안하게 지내지 말 것, 두 가지 대립된 문제들과 생각 또는 고민에 대해서 못 본 체 하고 있음. 마비, 비결정, 모르쇠, 아니다. 타협을 보려고 하지 않는

역방향: (균형과 조화의 잘못된 의미). 경쟁적인 상태. 앉아서 보고만 있지 않고 눈가리개를 풀고 일어남. 경쟁심에서 벗어나라. 한계를 짓는, 타협을 보려고 하는

---

20) Page는 시종으로서 학생을 Knight는 기사로서 메시지를 전달하는 청년을 Queen과 King은 각 슈트(지,수,화,풍)의 분야(돈과 건강, 열정, 감성, 지성)를 다스리는 힘을 지닌 장년층의 사람을 뜻함.

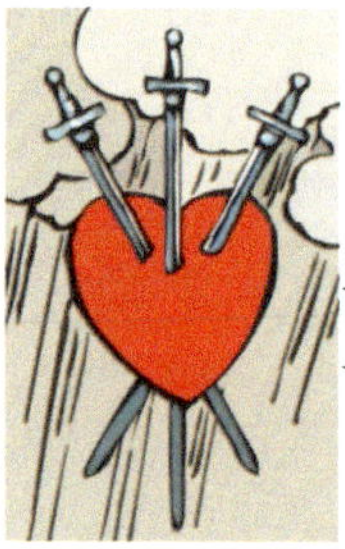

3. Three of Swords(검의 3)

정방향: 강한 상처, (직장과 가정에서 또는 연인과의 관계 실패(파탄). 스트레스가 감성을 메마르게 함. 마음의 방패를 세울 것, 집에 비가 세는, 무술을 잘하는

역방향: 혼란, 불안함, 상처를 입을 예정, 약한 상처, 대인관계 실패위험. 지성으로 감성 통제하라.

4. Four of Swords(검의 4)

정방향: 몸의 휴식과 휴양. (수도원이나 절을 찾아가) 기도, 침을 맞아라. 명상, 회복, 기다리는

역방향: 휴식하면서 마음속으로 기도, 누군가가 질문자를 기다리고 있거나 만나려고 하는

5. Five of Swords(검의 5)

정방향: 애인을 빼앗김. 패배, 실연, 확실한 패배나 배신.

역방향: 애인을 빼앗음. 상실이나 패배 그리고 배신의 가능성, 나약함, 손실있는 승리, 어정쩡한 성공, 찜찜한 승리

6. Six of Swords(검의 6)

정방향: 남자에 의한 구혼, 남자의 주도로 일을 행함, 짧거나 긴 해외여행, 이별, 극복, 영혼의 여행. 안 좋은 상황에서 좋은 상황으로 호전.

역방향: 여행에서 돌아옴, 국내로 돌아옴. 여성에 의한 구혼, 여성이 (일을) 이끌거나 주도함. 좋은 상황에서 안 좋은 상황으로 악화.

7. Seven of Swords(검의 7)[21]

정방향: 안좋은 세력으로 이동, 부분적인 성공. 작은 것에 관심을 갖다. 도둑질. 스파이
역방향: (지성에 해당하는 검을 두 개만 얻어 막사에서 상담 받음으로써) 불확실한 상담이나 조언, 투자[22]

8. Eight of Swords(검의 8)

정방향: 질병(백혈구가 적혈구를 공격하는 모양). 혼란, 힘들지는 않지만 앞을 못보고 묶여 있는 상태, 무엇인가 답답한 상태, 고립
역방향: 과거에 있었던 배반. 지금은 홀가분한 상태

9. Nine of Swords(검의 8)

남자가 여자를 폭행하는 침대 문양을 주목하라.
정방향: 9개의 검중에서 3개의 검만 여성의 머리 뒤편을 지나가고 있음-〉 아픈 정신적 상처지만 회복할 수 있는 정신적 아픔, 근심
역방향: 양심의 가책, 걱정에서 벗어남.

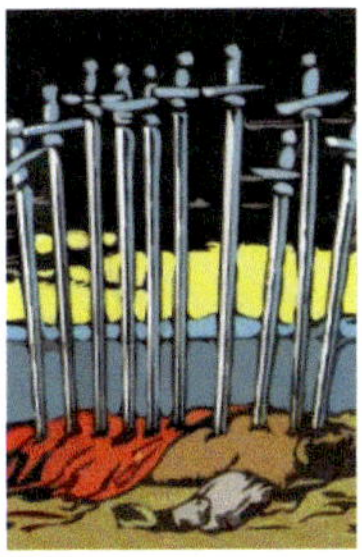

10. Ten of Swords(검의 10)[23]

정방향: 남한테 당함. 고통스럽지만 이번이 마지막 고통, 끝나는 고통. 수술을 사망.
역방향: 검이 뽑힘을 의미, 일부러 져주라. 지성을 많이 쓰지 말 것, 남들의 지적 비난을 감내하라. 수술후 살아남.

---

21) 5개의 검은 얻은 지식을 뜻하며 2개의 검은 무시한 지식을 뜻함. 막사는 시험장소나 임신부가 아이를 낳는 곳을 상징. 발의 보폭은 빨리 진행하고 있음을 뜻함.
22) 막사는 군대의 PX, 상담소, 역술원, 학원, 시험장, 산부인과 산모실 등으로 상징치환됨.
23) 일반적으로 숫자 10은 종결과 완성, 그리고 끝을 의미한다. 여기서 Ten of Swords는 더 이상의 고통은 없다는 뜻을 지니고 있음.

11. King of Swords(검의 왕)

나비는 변신과 변형을 상징. 기러기는 연인들의 사랑을 동경함.

정방향: 권위적인, 전문적인 남성, 좀 얼굴이 험상궂음. 지적 오만.

역방향: (검을 막 휘두르는)남자/사람. (가학적인) 새디즘, 고집이 센.

12. Queen of Swords(검의 여왕)

정방향: 아이가 없는 부인. 의자에 새겨진 천사는 애인/남편을 상징. 애인은 세 번의 변화를 꿈 꾸었음. (손을 내민 것은) 돈을 달라. 검은 스트레스, 생각거리, 여성이 남성을 제압함.

역방향: 심기가 사나운 사람. 복수, 사기.

13. Knight of Swords(검의 기사)

말 : 애인인 여성/ 기사: 애인인 남성

정방향: 연인(여성)의 사랑을 받다. 성격이 급한

역방향: 말을 잘 못타는 사람(무능함, 경솔함), 말을 잘못 다루는 남자(여성에 대한 싸움), 연인을 잃게 되다. 성격을 죽일 것.

14. Page of Swords(검의 견습생)

정방향: (이사 등을 가야하는지에 대한 질문에) 경계하라. 막연히 검을 허공에 휘두르는 모습. 인지능력, 이해능력이 탁월한 사람. (스트레스가 심해) 정신병적 위험이 있음. 주변 변화에 민감한

역방향: 정신병이 심한 상태. 정신분열증(정신질환)

D. 마이너 아르카나 펜타클(Pentacles)

1. Ace of Pentacle(오각형의 에이스)
정방향: 새로운 상황 전개로 돈, 건강, 재능을 얻음,
수입원 확보, 기획한 일에 대해 금전수입.
돈을 아껴라. 목돈이 들어옴, 큰건강[24)]
역방향: 탐욕, 돈을 쓸데는 써라. 낭비(잘못 사용)
되는 부, 가짜 번영과 기쁨이 없는 부(富)

2. Two of Pentacle(오각형의 2)
두 펜타클과 뫼비우스띠는 인쇄소의 윤전기를 상징하기도 함.
정방향: 낭패, 의심, 스트레스. 지혜로 돈을 벌다.
예상보다 적은 수입. 현재 질문자가 놓여있는 상황이 안 좋음. 미심쩍은 상황. 당황
역방향: 의심하지 말라. 가장된 즐거움, 문학, 자금회전이 어려운(카드 돌려막기가 어려운)

3. Three of Pentacle(오각형의 3)
배경이 장엄, 전통 있는 수도원
정방향: 훌륭한 기술자(8 오각형보다 더 유능한 기술자), 마스터(달인). 팀웍(Teamwork)
역방향: 기술의 부족, 가짜 기술자. 팀웍이 깨짐

4. Four of Pentacle(오각형의 4)

정방향: 고리 대금업자, 구두쇠, 돈으로 자신의 생명을 지키려는 사람. 돈이 최고인 사람.
돈 관리, 집착하는, 선물,
역방향: 낭비하는 사람. 돈으로 자신의 생명을 지켜라. 집착에서 벗어날 것.

---

24) 펜타클은 재물·건강운을 상징, 환경(21번째 우주카 드 모양)은 새로운 세계로 펼쳐진다는 긍정적 암시.

5. Five of Pentacle(오각형의 5)

정방향: 스토커. (스토커에서 벗어나려면 신앙심과 기도가 필요). (성스러운 성당을 외면하는) 정부(情婦), 불행한 애인, 역경

역방향: 결혼이나 사랑과 관련된 관심들이 부조화, (성당의 돈을 봄으로써) 몰락의 극복, 맞벌이 부부

6. Six of Pentacle(오각형의 6)[25]

정방향: 물질적 구제를 받음, 자선

역방향: (상인 입장에서) 탐욕, 오래 사는 비결은 자선, (악인의 입장에서) 시기와 질투, 선인 입장에서) 좋지 못한 빚

7. Seven of Pentacle(오각형의 7)

6개의 펜타클은 돈 벌기 위한 노력을 상징.

정방향: 돈을 구경만 함. 돈에 대한 근심, 수확하기, 현재는 적은 수확이나 차후에는 많은 수확을 거둘 수 있음. 돌다리도 두들겨 보고 건너라

역방향: (익지도 않은 수확물을 수확)성급함, 돈을 잃음, 벌기는 버는데 원금회수를 못하는 손해보는 투자. 투자하지 말 것.

8. Eight of Pentacle(오각형의 8)

정방향: 일을 많이 함, 피로, (노력으로)일의 완성. (일에)몰두하는 견습생이나 기술자. 기능자

역방향: 기술부족, 확실치 않은 재능, 노력(인내) 결여. 거짓된 장인정신. 일을 제대로 하지 못하는 견습생. 엉터리로 일한 상태.

---

25) 왼쪽에서 돈을 받는 남자 : 선(Good Man), 오른쪽에서 돈을 받지 못하는 남자 : 악(Bad Man) 중앙의 남자는 거리의 부유한 상인임을 알 수 있음.

9. Night of Pentacle(오각형의 9)

앵무새는 노래와 음악, 남편(남친)을 상징
정방향: 물질적인 복지, 우울증이 있음. (주로 여성이) 말년에 돈복을 누림. 남편이 돈벌어주는, 기러기부부, 돈은 있지만 외로운, 남편이 있지만 외로운
역방향: 우울증이 심각함. 귀중품의 도난과 손실 가능성. 남편과 헤어진

10. Ten of Pentacle(오각형의 10)

정방향: 돈<가정 우선시. 가정 화목이 중요. 즐거운 모임 개최. 가정과 상속, 누군가가 감시하거나 돌보는
역방향: 가정<돈 우선시. 돈을 쓰면서 모임을 개최. (모임을 통한)손해 가능성, 돈만 낭비하는 불유쾌한 모임의 가능성. 누군가가 염탐하는, 가정불화

11. King of Pentacle(오각형의 왕)

정방향: 돈 많은 부자. 한의사. 약초나 의류로 번 수입이나 직업 종사자. 식료품 업체 사장
역방향: 돈 만 많은 부자. 늙고 악덕한 남성, 낭비하는 기질.

12. Queen of Pentacle(오각형의 여왕)

토끼 : 아동(자녀)이나 순수한 동심을 상징.
정방향: 관대하고 인정이 많은 부자, 고귀한 영혼, 현숙한 여성상. 돈을 잘 다룰 수 있는 여성
역방향: 현숙하지 못한 처사(돌의자 속의 나체여인이 겉으로 모습을 드러냄), 자녀가 돈을 낭비

13. Knight of Pentacle(오각형의 기사)

사람 머리 풀: 마음약
말의 풀: 몸약[26]
정방향: 몸과 마음의 일치, (병을 고치기 위해서는) 돈을 쓰라. 비밀을 지키는 친구(여친), 부부 일심동체, 레지던트 정도의 실력가, 근면성실한, 기술자격증, 좀 게으르고 느린, 실용주의 노선, 식품점, 음식점 등 자영업
역방향: 몸과 맘의 불일치. 돈을 잘 못 쓰게 되는, 믿음을 깨는, 친구가 비밀을 지켜주지 않는, 너무 게으르고 느린

14. Page of Pentacle(오각형의 견습생)

소년이 서있는 밭은 한약밭(약밭)
정방향: 돈의 청년, 한약기운이 강함. 기술자격증이 있는, 재능과 기술에 대한 실무적 지식이 조금은 있는, 아직 어려서 큰 일을 하기는 어려운
역방향: 돈/건강/재능을 놓침, 한약기운이 약함. 너무 어려서 큰 일을 할 수 없는, 현실적이지 못하고 실용적이지 못한, 인턴사원

26) 머리 풀과 몸 풀의 색상이 녹색으로 동일함. 심신일치를 의미.

참고자료〉 공백카드의 의미

1. 마음을 비워라
2. 동일한 질문 또 하지 마라.
3. 신을 시험하지 마라
4. 사악한 질문을 하지 마라.
5. 질문자가 답을 알고 있다.
6. 기도하라.
7. 바보가 되어라.
8. 마음을 편안히 가져라.

참고자료〉 타로카드의 역방향 의미

1. 역방향 카드는 정방향 의미의 〈정반대〉를 의미한다.
2. 정방향 카드에 의해서 표현되는 에너지가 어떻게 차단되고 지연될 수 있는 지를 말해준다.[27)]
3. 카드의 의미의 부정적이고 극단적인 측면을 강조하는 것이다.

27) 에너지가 차단(Blocking)되어 있다는 것은 매우 중요한 의미를 갖고 있다. 즉, 에너지는 흘러야 하는데 차단되거나 막혀있다는 것은 업(業:카르마)이 중대하다는 것을 시사한다. 타로카드 그림 한 장 한 장은 모두 에너지와 카르마를 다룬다.

16. 메이저 아르카나/네 개의 슈트/Ace에서 10까지의 숫자/궁정카드/상징 그리고 색채

여기서는 타로 실전에 중요한 메이저 아르카나와 네 개의 슈트 그리고 1부터 10까지의 숫자 및 궁정 카드와 각각의 상징 및 색채 연관성에 대해서 알아보고자 한다.[28)]

☑ 메이저 아르카나(Major Arcana)

0. 바보(The Fool) : 순진무구, 신념, 시작
1. 마법사(The Magician) : 창조성, 교묘한, 개인적인 힘
2. 최고위 여사제(The High Priestess) : 직관, 고요, 영적 원조
3. 여왕(여황제:The Empress) : 양육, 수용성, 신성한 어머니
4. 황제(The Emperor) : 지도력, 훈련, 신성한 아버지
5. 교황(The Hierophant) : 지식, 앎, 전통, 구조
6. 연인(The Lovers) : 하나됨, 합일(Union), 선택, 관계
7. 전차(The Chariot) : 이동, 승리, 여행
8. 힘(Strength) : 의지력, 회복, 성공
9. 은자(The Hermit) : 지혜, 성찰, 영적 지도
10. 행운의 바퀴(The Wheel of Fortune) : 운명, 기회, 카르마
11. 정의(Justice) : 균형, 공평성, 법적인 체계
12. 매달린 남자(The Hanged Man) : 포기, 타이밍, 시련
13. 죽음(Death) : 재생, 부활, 주기(Cycles), 순환
14. 절제(Temperance) : 인내, 협력, 비활동
15. 악마(The Devil) : 두려움, 집착, 욕망
16. 탑(The Tower) : 변화, 기회, 인식, 에고의 무너짐
17. 별(The Star) : 평화, 동정, 연민, 기적

28) A Magical Course in Tarot 서적 p75 ~ p84 발췌·요약 정리하였음.

18. 달(The Moon) : 신비, 상상력, 여신
19. 해(The Sun) : 생명력, 창조성, 신
20. 심판(Judgment) : 계시(드러나 보임), 자유, 깨달음
21. 세계(The World) : 완성, 도달, 숙달

☑ 네 개의 슈트(The Four Suits)

1. 완즈(Wands) : 불, 경력(커리어), 프로젝트, 사회적 활동, 일, 영감, 열정, 영적인, 성욕, 창조성, 활동, 기업가정신, 해석자십, 자기정체성
2. 컵스(Cups) : 물, 감정적인, (대인)관계, 느낌, 분위기, 로망스, 창조성, 꿈, 판타지
3. 펜타클(Pentacles) : 흙, 물질세계, 자원, 재능, 물리적인, 만질 수 있는, 돈, 건강, 비즈니스, 구조, 현실
4. 소드(Swords) : 공기, 정신적인, 생각들, 관념, (어려운)난제 지성, 도전, 고통, 사유방식, 의사소통, 진리, 정의, 객관성

☑ Ace에서 10까지 숫자

Ace : 시작, 독창성, 재생, 갱생, 창조성
Two : 균형, 협력, 대립, 인내
Three : 성장, 자기표현, 확장, 풍요, 다산
Four : 구조, 안전, 안정성, 질서
Five : 변화, 활동, (패배적인) 도전
Six : 조화, 책임, 객관성
Seven : 직관, 지식, 내적 성찰
Eight : 활동성, 성취, 업적, 진보
Nine : 지혜, 영성, 깨달음
Ten : 끝맺음, 전통, 숙달

☑ 궁정카드(Court Cards)

1. 시종(Page) 또는 공주(Princess) : 메시지, 젊음, 초보자
2. 기사(Knight) 또는 왕자(Prince) : 보호, 힘, 결정
3. 왕비(Queen) : 성숙, 경쟁, 헌신
4. 왕(King) : 숙달, 지혜, 통제

☑ 상징들(Symbols)

1. 천사: 상위자아, 영적인 보호, 지혜
2. 동물들 : 하위자아, 육체적·물리적 필요, 본능
   * 각 동물들은 다양한 상징적 의미를 지님. 가령 말=힘, 토끼=풍요로움. 단 문화마다 카드 의미는 다를 수 있음.
3. 조류 : 관념, 아이디어, 메시지, 영혼
   * 매=메신저, 갈까마귀= 마법, 올빼미=직관을 상징
3. 건물 : 보안, 구조, 전통
4. 나비 : 변형, 변화, 자유, 나약함(fragility), 영원
5. 구름 : 생각, 정서, 아이디어, 꿈, 정신계
6. 왕관 : 신성, 영적인 계몽, 승리
7. 물고기 : 무의식, 꿈, 창조
8. 꽃 : 풍요로움, 비옥함
9. 언덕 : 약간의 도전, 여행, 자각
10. 담쟁이덩굴 : 행운, 보호, 충성
11. 달 : 여신, 직관, 상상력
12. 산 : 주요 변화, 지혜, 힘
13. 강 : 영적 여행, 선택, 의식
14. 바위: 장애, 안정성, 소유물
15. 별 : 전사의 존재, 계몽, 생명력

16. 해 : 신, 용기, 창조력
17. 밀 : 풍요, 생계(sustenance), 부(富)
18. 바퀴 : 신성한 힘, 완성, 우주
19. 화환 : 승리, 부, 여신

☑ 색상(Color)

1. 흰색 : 순결, 밝음, 총명, 재생
2. 붉은색 : 힘, 생명력, 힘
3. 오렌지색 : 활력, 용기, 열정
4. 노란색 : 창조력, 신뢰, 영광, 번영
5. 녹색 : 건강, 비옥함, 돈
6. 파란색 : 영감, 지혜, 평화
7. 남색 : 자기숙달, 예언, 보호
8. 보라색 : 영적 숙달, 보호, 치유
9. 갈색 : 흙, 죽음, 물질계
10. 검정색 : 숙달, 현묘함, 보호, 미지의 것

17. [타로탐구] The Magician(마법사)

마법사는 치유 능력을 가진 서양의사를 의미한다. 만약 직업을 묻는 질문이 나왔을 때 마법사가 선택되었다면 이는 의사나 고급기술자와 연관이 된다. 또한 기공 치유사도 포함될 수 있다. 단, 한의사는 King of Pentacles이 주로 나온다. 마법사는 지팡이를 들고 있으며 치유의 권능을 상징하고 앞에 놓인 완즈, 컵스, 소드, 펜타클은 바로 화, 수, 풍, 지 의 4원소를 의미하는데 이 4원소는 우리의 몸을 구성하는 물질 요소이다. 즉 마법사가 우리의 몸의 구성요소 인 4원소를 다루는 능력과 기술을 가지고 있다는 것을 의미

한다. 만약 이 마법사 카드가 역방향이 나왔다면 건강문제에 대해서는 병원에 가보라, 또는 의사의 치료를 받으라는 것이다. 물론 정방향일때 마법사 카드는 불멸, 독창성, 새로운 계획으로 인한 성공 등을 뜻하며 동시에 유능, 고행, 금욕을 뜻하기도 한다. 상황에 따라 나오는 내용이 조금씩 차이를 보이므로 해석 시 유의해야 한다.

마법사의 허리는 뱀이 감고 있다. 이는 마법사가 아직 윤회로부터 벗어나지 못하고 있다는 것을 알 수 있다. 뱀은 성욕을 의미한다. 성욕에서 아직 벗어나지 못했다는 것을 알 수 있다. 참고로 성욕에서 벗어나는 것은 우주카드이다.

마법사 카드는 역방향일 때는 사기꾼으로서 돌변한다. 따라서 사기당할 여지가 있다고 할 수 있다. 불가(佛家)에서는 사기를 당하는 것도 전생의 업이라고 한다. 만약 누군가가 과거 카드로 사기꾼 카드가 나왔다면 돈이나 투자문제에 있어서 사기를 당했을 가능성이 높다고 할 수 있다. 사기를 당하는 이유는 질문자의 마음속에도 남을 이용하려는 안 좋은 마음이 있었기 때문이다. 남을 이용하려는 안 좋은 마음이 인(因)이 되어 자신과 비슷한 마음을 지닌 사람과 연(緣)이 된 것이다. 즉, 자신이 남을 이용하려고 하면 자신과 비슷하게 타인을 이용하려는 사람을 만나게

된다. 운이 안 좋을 때는 생각이 잘못된 쪽으로 기울기 때문에 마음가짐을 더욱 조심해야한다. 만약 질문자가 과거에 사기를 당했거나 현재 당할 위기에 처해있거나 미래에 당한다면, 그에게 남을 이용하려는 마음이나 잘못된 마음을 가지고 있다면 그 마음을 제거(정화)하도록 하라고 조언해 주어야 한다. 마음이 어둠에 물든 상태를 중생심(衆生心)이라고 말하며, 이 중생심을 지우기 위해서는 청정심(淸淨心)을 키워야 한다. 좋은 마음, 좋은 생각을 통해서 잘못되고 나쁜 생각을 제거한다면 전화위복이 된다.

융심리학에 의하면 질문자에게 해를 가한 사기꾼은 바로 질문자의 그림자에 해당한다. 그림자를 제거하기 위해서는 자신의 무의식에서 어두운 마음을 투사하는 것을 중지해야 한다. 남을 이용하려는 부정적 마음을 제거하지 않으면 그 업(카르마)으로 그림자로서의 인격체가 나타나 질문자에게 사기를 치게 되는 것이다. 질문자가 미연에 사기당할 것을 알고 조심을 해도 운이 안 좋으면 사기를 당하게 되어 있다. 이렇게 마법사 카드가 사기꾼을 의미하는 암시를 드러낼 때는 마음을 밝히는 공부가 필요한 것이다.

또한 마법사 역방향 카드는 애정에 진전이 없거나 연애의 계기를 잡지 못하고 바람기가 많은 연애 상대자를 만나게 될 수도 있으니 주의해야 한다. 애정문제에 마법사 역방향 카드가 나오면 상담자는 질문자에게 적당한 조언을 해주어야 하는데, 건전한 연애를 위해서는 자신의 에너지를 사랑의 에너지로 승화시켜야 하며 이를 위해 음악이나 미술작품을 감상하거나 좋은 노래와 시를 읊고 또는 불쌍한 사람들을 가련하게 생각하는 연민이 필요하다. 자신의 에너지가 성차크라, 즉 물라드하라 차크라에 정체되어 있다면 연애 상대도 바람기가 짙은 사람을 만나게 되는 것이다. 모든 원인은 누구나 자신에게 있다는 것을 잊지 말아야 한다.

또한 마법사 카드 역방향은 기술부족, 다재다능하여 실패 등을 의미하는데, 이는 “재주가 많으면 굶어죽는다”는 속담과 통한다. 한 가지라도 제대로 기술력을 키울 수 있는 장인정신이 필요하다. 상담자는 한 가지 기술에 집중하도록 내담자에게 조언해 주어야 한다.

18. [타로탐구] The Fool(바보)

The Fool 카드는 0번으로서 태초의 우주적 여행자, 구도자를 의미한다. 그가 우주에서 태어났을 때는 무(無) 또는 아무것도 없음을 의미한다. 여기서 무(無)라는 의미는 앞으로 그에게 펼쳐질 21개의 과정에 대한 지식이 없다는 것을 의미한다. 구도자는 방랑과 여행 그리고 모험을 통해서 자신의 무지를 타파(打破)해 나간다. 그는 광대이기도 하다. 그리고 무직자, 즉 실업자이기도 하다.

한편 The Fool은 무지자(無知者)로서 앎을 얻어가는 사람이면서 경험의 길을 걷고 있는 휴머니티(Humanity)를 지닌 탐험가이다. 그가 잡고 있는 막대기(완즈)는 남근을 상징하며 절벽의 낭떠러지로 향하고 있다. 무모함이 보이며 위험한 상황이며 하얀 개만이 그를 말리고 있는 듯 보인다. 장미는 사랑과 갈망의 행성, 비너스의 꽃으로서 순수한 사랑을 뜻한다. 설산의 눈은 세계가 냉정하며 정신 상태를 냉철하게 할 필요성을 강조한다. 그리고 태양은 바보의 진실 된 생명 원천, 초의식(Super-Consciousness)을 상징한다.

The Fool 카드가 정방향일 때는 주로 어리석은 시도를 하거나 취업을 하려고 하는 사람이 목표를 정하지 못했을 때 그리고 애정운에서는 연애관계의 편력(방랑)을 뜻하는 암시가 강하다. 그리고 인생여정의 시작을 의미하며, 가벼운 마음과 미성숙으로 무엇인가를 시작하려는 사람에게 경고를 준다. 새로운 일에 대해서는 현재로서는 훈련이 부족한 상태이므로 지나친 자기 확신이나 자만심으로 일을 그르치는 일이 없도록 조언하는 의미를 지니고 있다.

이 The Fool 카드를 깊이 명상하면 어떤 것에 열광한 나머지 무모하게 일을 시작함을 알 수 있다. 그러므로 중요한 세부사항을 빼먹거나 잘못된 충고 또는 나쁜 조언자가 다가올 수도 있다. 물론 기존 개념에 사로잡히지 않는 The Fool의 특성도 있지만 언제나 신기한 꿈을 추구하는 방랑벽이 있다는 점에 주목할 필요가 있다. 애정운과 관련해서는 사랑의 사냥꾼, 애정편력, 형식에 사로잡히지 않는 자유연애, 바람둥이 의미로도 지닌다. 레이첼 폴락에 의하면 이 The Fool 카드의 정방향 의미의 핵심은 '어리석고 충동적인 행동을 하지 말라'이다.

The Fool 카드의 역방향 의미는 인생여정의 끝을 암시한다. 나쁜 선택이나 결정, 결정내리지 못하는 상황을 뜻하기도 하며 비이성적 행동을 뜻하기도 한다. 한편 무책임, 무계획성, 불안한 사랑을 상징한다. 실전 타로 점에서는 주로 여성이 자신에게 남자친구가 생길지를 묻는 경우 이 카드가 역방향으로 나오는 경향이 있는데 이는 한때 사랑을 나누고 헤어질 사람만이 생긴다고 볼 수 있다. 따라서 The Fool 카드가 역방향으로 나오면 섣부른 실수로 어리석은 성적 욕망에 휘말리지 말 것을 조언해 주어야 한다. 레이첼 폴락에 의하면 The Fool 카드의 역방향은 주의하라는 충고, 즉 '낭떠

러지에서 떨어지기 전에 아래를 바라보라'는 의미를 담고 있다.

The Fool 카드는 본능에 따라 행동하는 것처럼 보이지만 실상은 도피주의와 두려움에서 나온 행위임을 일러주는 것일 수도 있다. 실제로 외로움을 벗어나기 위해서 연애 대상을 찾을 경우 이 카드가 역방향으로 나오는데 이는 내담자가 외로움을 도피하거나 미지의 두려움에서 벗어나기 위해서 연애를 원하는 상황임을 암시해 준다.

The Fool 카드는 연애와 관련해 바람둥이를 뜻한다. King of Wands와 Queen of Wands가 의처증과 의부증이 있는 것과는 달리 바람둥이는 좀 더 자유분방한 정신을 상징한다. 새롭고 신기한 것을 꿈꾸며 애정편력이 심하고 자유연애를 좋아한다. 이 바보카드는 카드에서 얻어지게 되는 모든 영감, 지식, 지혜, 직관, 영지(Gnosis)를 추구한다.

19. [타로탐구] The Emperor(황제)

이 카드의 의미는 정방향일 경우 강한 의지와 수단으로 성공하거나 부와 힘을 뜻하며, (황제처럼) 책임있는 위치와 현실적인 처리능력, 지도력 등을 들 수 있다. 또한 남성적 사고와 의지할만한 상대를 뜻한다. 애정운에서 이 황제카드가 나오면 가부장적이고 권위

적인 연장자와의 연애를 의미한다.

역방향의 경우 부적당한 권위를 가지거나 잘못된 권위 즉 무능력한 권위를 가진 사람을 뜻하며, 황제와 같은 강한의지가 결여된 상태, 현실인식이 약하고 실무능력이 부족하며, 거만하기만 한 사람을 뜻한다. 또한 고지식하기만 하고 경제적 기반이 없는 사람을 뜻하기도 한다. 너무 상대자가 권위적이기 때문에 쓰디쓴 사랑의 결말을 의미하기도 하며 애정을 강제적으로 강요 한다.

실전에서 역방향의 의미를 해석하면 또한 부당한 권위를 갖는 지도자(선생/스승)를 뜻하며, 조언 식으로 말하면 선생이라고 권위를 내세우지 말라는 뜻을 지니고 있으며, 자신의 에고를 높이지 말라는 뜻도 있다. 또한 지도력과 의지박약으로 인하여 명령을 취소하는 경우도 있다. 애정관계나 부부관계에 있어서는 남성이 잠자리를 많이 하지 않는 것을 나타내기도 한다. 따라서 애기를 갖지 못하는 부부의 경우 남편의 카드가 황제 역방향이 나오기도 한다. 또한 황제카드가 역방향으로 나오고 과거 위치에 나오면 돌아가신 아버지를 뜻할 수 있다.

20. [타로탐구] The Chariot(전차)

전차 카드는 승리를 상징한다. 그리고 세속적 삶에 뛰어들 것을 말한다. 물론 정방향 전차가 나왔을 때이다. 정방향 전차카드가 나

오면 세속적인 삶에 뛰어들어 성공하라는 뜻이며 반대로 역방향이 나오면 세속적 삶에서 성공하는데 걸림돌이 많다는 것이고 성공에 방해가 될 것이라는 것이다. 따라서 역방향이 나오면 잠시 기다려 보고, 나서지 마라는 뜻으로 이해해야 한다. 전차 역방향일 때는 나서지 말아야 한다. 또한 이사가는 것을 중단해야 한다. 전차 카드 정방향은 질문자가 자신감에 차있고 전진을 할 필요가 있다는 점을 말해주며 전차 카드 역방향은 질문자가 자신감이 없는 상태이고 아직 전진해야할 때가 아님을 나타낸다.

전차 역방향은 의지박약을 의미할 수도 있다. 이점에서 황제 카드 역방향과 의미가 비슷해진다. 전차 역방향은 자신감 상실이라면 황제 역방향은 권위 상실을 뜻한다. 전차의 검은색 스핑크스와 흰색 스핑크스는 전차를 끄는 동물로서 인생의 모순과 문제를 상징한다. 전차의 주인공은 이 인생의 모순과 문제들이 이끌어가는 삶을 자신감과 의지로 극복해 나감을 의미한다. 이 세상은 문제와 고난의 연속이다.

The Chariot 카드의 중요한 의미는 얼마나 자신감을 갖고 세속에서 우리에게 던져주는 문제와 시련의 의미를 제대로 이해하고 그 문제들을 긍정적으로 해결하느냐에 있다. 전차 정방향은 그러한 문제와 시련을 자신감 있게 해결해야함을 의미하며, 전차 역방향은 문제와 시련에 압도되어 자신감을 상실 급기야 정체 및 지체됨을 의미한다. 세속적인 문제와의 싸움에서 전의가 상실된 것이 전차 역방향이다. 만약 이사를 가야하는지 물었을 때 전차 정방향이 나오면 이사 갈 수 있는 의지가 있다는 뜻이며 전차 역방향이라면 의

지부족이라는 것을 암시한다.

전차 정방향의 핵심 키워드는 승리, 전진, 이동, 자신감이며 전차 역방향의 핵심 키워드는 지체, 질투(두 마리의 스핑크스가 서로 갈등을 일으킴), 패배, 의견의 불일치, 의지박약을 들 수 있다. 의지박약은 결국 전차를 끄는 두 마리 스핑크스가 상반되는 문제와 갈등을 야기하기 때문에 전차를 모는 신이 어떻게 해야할 지 모르는 상황이다. 지체도 마찬가지도 문제는 두 마리 스핑크스가 지쳐 있다는 뜻이다. 여기서 삶의 주체는 전차를 모는 남신이 아니라 전차를 끄는 두 마리 스핑크스이다. 전차 정방향이라면 전차를 모는 두 마리 스핑크스는 음양으로서 상생의 길을 걸어 합일된 마음으로 전진하고 나아간다. 이는 세속적 문제들을 뜻하는 음양의 문제들이 해결되기를 기다린다는 뜻이며 반대로 전차 역방향일때는 음양의 문제들이 상극이 되어 서로 갈등을 일으키기에 해결되지 못하는 상황이므로 전차의 주인공을 전차를 몰 수 없게 됨을 뜻한다.

전차를 모는 주인공은 에고(Ego)와 자만심이 어느 정도 있다는 점이다. 그래서 너무 자신의 주장이나 고집을 부리는 것은 경계해야한다. 에고와 오만이 파괴되는 단계는 바로 무너지는 탑(신전) 카드이다. 탑 카드에서 에고와 아집이 산산이 와해된다. 하지만 지금 전차의 단계에서는 어느 정도의 에고와 오만을 가질 필요도 있음을 암시한다. 왜냐하면 자신감과 긍지가 없다면 자신의 능력을 십분 발휘할 수 없기 때문이다. 전차카드는 자신의 기술과 능력을 사회에서 입증해 보여야할 상황임을 암시한다. 그리고 배운 것을 테스트하는 단계이다. 역방향이라면 아직 배운 것을 테스트할 단계가 아니며 자신의 기술과 능력을 사회에 입증해 보일 시기가 아니라는 것이다. 또한 두 마리 스핑크스는 본능을 의미하며, 이러한 본능의 힘을 선두로 하여 자신의 힘을 과시하러 세상에 나가고자 하는 강열한 의지를 의미하기도 한다.

전차의 주인공 남신은 우리의 상위자아(Higher Self)를 뜻한다. 그를 믿고 그의 안내를 받아 삶과 일을 수행하라는 암시가 있다. 즉 내면의 심층의식에 삶을 맡겨도 된다는 것이 정방향이다. 반대로 역방향은 상위자아에 대한 믿음의 상실로 앞으로 나아가는 일이 힘들게 된다. 이때는 완화, 절제, 중도(Moderation)가 중요하다. 전차 역방향은 에너지를 잘못 쓰거나 에너지 낭비를 초래할 수 있으므로 조용히 기다림의 미덕을 발휘할 필요가 있다. 역방향 키워드 뜻 그대로 기다리라는 의미이다.

21. [타로탐구] The Strength(힘)

사자는 숨겨진 내면의 본능을 상징하기도 하지만 육체의 힘을 상징하기도 한다. 정신력으로 체력을 극복함을 뜻하며, 역방향은 육체의 힘이 정신의 힘을 압도하는 경우를 뜻한다. 또한 당면한 문제를 풀어나가기에 벅찬 상황이 됨을 암시한다.

무한한 기호를 뜻하는 뫼비우스 띠가 그녀의 머리에 있고 마법사 카드에서도 보인다. 이 무한기호는 바로 무한한 힘과 재능을 상징한다. 마법사에게는 무한한 재능을 여인에게는 무한한 힘을 각각 뜻한다. 무한이라는 것은 유대 카발라에서는 신의 특성의 하나이다. 즉, 신은 무한한 사랑이라고 말한다. 이러한 개념이 힘 카드에도 나타난다. 즉, 무한한 사랑과 무한한 힘으로 사자라는 본능과 욕망 그리고 문제와 장애를 극복한다. 무한하지 못하다면 본능과 문제에 언제든지 압도당할 수 있다. 힘은 무한하고 신의 도움이 있기에 여인은 자신의 부드러움으로 사자라는 욕망, 분노, 문제, 장애를 제압할 수 있고 해결할 수 있는 것이다.

만약 역방향이라면 무한기호는 유한한 힘으로 바뀐다. 따라서 여인은 자신의 힘이 부치는 것을 느끼게 된다. 따라서 본능을 계속적으로 제압하거나 문제를 지속적으로 대처해 나갈 힘이 부족하게 된다. 감정에 압도당한다고 보면 된다.

또한 노랑 바탕화면은 진노랑의 사자보다 여리다. 여인은 사자를 제압함으로써 그녀의 힘을 얻게 된다. 그녀의 힘은 바로 노랑 바탕화면이고 사자의 본능은 바로 사자의 몸 색상이다. 이는 쿤달리니를 상징한다. 사자는 본능의 에너지로서 이 본능의 에너지를 정화하고 승화시킴으로써 정신의 에너지로 탈바꿈시킨다.

탈바꿈된 에너지는 그녀의 정신을 이루며 힘 카드의 배경에 해당하는 노란 색을 더욱 진하게 만든다. 그녀가 노력하고 인내하고 용기를 낼수록 지속적으로 사자의 본능은 정신으로 승화된다. 이는 우리 인간이 욕망을 참고 이겨낼 때 정신이 무한히 풍요로워지고 건강해 진다는 것을 의미한다. 욕망에 압도당하면 정신의 에너지가 땅으로 내려온다. 즉 유대신비주의 카발라에서 생명의 나무의 케테르에 해당하는 신성한 에너지가 말쿠스라는 지상의 에너지로 하강하게 된다.

22. [타로탐구] The Star(별)

별카드의 주인공은 별과 별처녀이다. 별은 희망과 소망을 상징하며, 별처녀는 깨끗하고 순결한 자아(자기로 통합된 자아)를 상징한다. 오른쪽 발을 강물에 담그는 것은 자아의식 을 잠재의식에 합하는 것을 의미한다.

여성상은 알몸으로 개방성, 정식, 숨겨야할 것이 없음을 의미한다. 즉 알몸이 솔직함과 진실 된 여성상을 의미하기도 하며, 해방된 자아를 의미하기도 한다. 이 별처녀는 깨달음을 얻은 현자의 자아이다. 역방향일때는 솔직함이 전도된다. 즉 비밀을 암시하게 된다. 물병의 물은 그녀의 의식을 강물의 물은 무의식을 상징한다. 즉, 별처녀는 의식과 무의식을 통합시킴으로써 순수한 빛으로서의 깨달음을 얻었다. 별은 인생의 나침판이자 훌륭한 상상력을 암시한다. 이 별 카드는 고요함과 청명함(serenity)을 상징한다. 별카드 정방향은 희망을 암시하는 반면 역방향은 절망을 암시한다.

별은 또한 고통으로부터 벗어나도록 하는 희망과 구원의 상징이다. 별은 축복과 은총을 상징하기도 한다. 별빛은 만물을 밝게 비추는 개방성을 상징하고 공포와 의심을 제거해 준다. 별 카드 정방향에서 별빛은 넘치는 빛으로 만물을 비춤으로 널리 베풀 것을 암시한다. 별카드는 해법이나 결과를 알려주는 것이 아니라 해결의 열쇠가 되는 영감을 드러내 준다는 뜻을 지니고 있다. 별카드 정방향은 별빛과 은총 그리고 축복이 넘쳐나므로 일을 순조롭게 진행할 수 있음을 암시한다.

반면 별카드 역방향은 절망과 불운을 암시하므로 이때는 일을 벌이거나 해서는 안 된다. 역방향일때는 자신의 마음이 진실한지 의심이나 불신이나 회의나 비관이 없는지 세심히 성찰해야 한다.

별카드는 마음의 평정을 유지하고 진실해야함을 알려준다. 진실이 승리하고 진실이 신의 은총과 평화를 가져다줌을 암시한다. 별카드 정방향은 순결한 자아를 믿고 의지할 필요가 있음을 암시하기도 한다. 만약 자신의 마음이 순수하다면 행동으로 옮겨야 함을 암시한다. 상상하고 꿈꾸었던 일이 현실화될 수 있으며 또한 노력이 필요하다.

탑 카드 다음에 이 별카드가 나왔으므로 절망 뒤에 희망이 꽃피는 격이다. 실망 뒤에 희망이오고 손실 뒤에 이득이 있다. 별 카드 역방향은 순결하지 못한 거짓된 자아에 의지함을 의미한다. 거짓과 위선을 암시한다. 거짓을 진실로 알거나 거짓된 생각을 실천에 옮기는 등 남에게 피해를 입히는 행동을 하게 되기도 한다.

23. [타로탐구] 4종류의 ACE 카드

* Ace : 새로운 시작, 기회

☑ Ace of Wands

Ace of Wands **정방향**

창조, 시작, 큰 사업, 아이의 탄생으로 해석되며 특히 '열정을 믿어라'로 해석되는 경우가 많다. 아이의 탄생이라는 것은 완즈가 바로 정열을 뜻하며 이는 또한 남성의 정열을 의미하는 정액이 발현된 상태를 의미하기도 하다. 그래서 완즈는 열정의 덩어리를 의미한다. 또한 숫자가 1이므로 열정으로 무엇인가를 시작하는 것을 의미한다.

Ace of Wands **역방향**

거짓된 시작, 잘못된 열정으로 해석된다. 역방향은 여러 의미로 나타나는데 특히 '잘못된' 또는 '올바르지 못한'의 형용사적 의미가 첨가된다. 정방향에 대해서 '부도덕한'의 의미로 변형된다. 그리고 중요한 것은 조언의 의미가 강하다는 것이다. 그래서 Ace of Wands 역방향이 나오면 특히 당신이 '지금 가지고 있는 열정에 대해서 의심해 보라'는 의미를 갖는다.

☑ Ace of Cups

Ace of Cups 정방향

상당한 풍부함, 성취, 풍요, 기쁨, 넘쳐흐르는 자비, 감성적으로 좋음 등을 상징한다. 이미지를 읽어보면, Ace of Cups 정방향은 천사와 같은 비둘기가 계속 무엇인가를 컵에 날라 오고 있다. 그것은 바로 사랑의 에너지, 감성의 에너지처럼 보인다. 그리고 손은 보이지 않는 은총의 손이다. 그 은총의 손은 신(God)의 손일 수도 있다. 자비와 사랑의 컵은 항상 끊임없는 자비와 사랑의 물을 흘러내려 대양을 적신다. 대양에는 중생을 뜻하는 연꽃이 가득하다. 즉 이는 질문자의 사랑과 자비의 마음이 끊임없이 중생을 위해 사용되고 있다는 뜻이다.

Ace of Cups 역방향

이는 가장 잘 사용되는 통변으로 '거짓된 마음'을 들 수 있다. 그리고 감정적으로 힘든 상태를 의미한다. Ace of Cups 의 정방향을 뒤집어 놓아보라. 그러면 Ace of Cups에서 컵은 뒤집어진다. 손에서 벗어나 뒤집어지므로 좋을 게 없다. 마음이 바뀌고 불안정해 진다. 이는 거짓된 즐거움을 뜻하기도 한다. 역방향은 종종 정방향에 '거짓된', '잘못된', '부도덕한'의 형용사적 의미가 추가된다. 또한 Ace of Cups 역방향이 갖는 조언적 의미로 '거짓된 마음을 갖지 말라'나 '감정적으로 너무 힘들게 살지 말라'는 뜻을 갖고 있다. 이 Ace of Cups 역방향이 나오면 질문자에게 감정적으로 힘든 상황에서 벗어나라는 것을 이야기 해주어야 한다.

☑ Ace of Swords

Ace of Swords 정방향

이 카드는 검이 힘이 있게 하늘을 향하고 있고 에고와 아집을 뜻하는 왕관을 꿰뚫고 있는 이미지를 갖고 있다. 이는 에고를 부수는 강인한 지성적 이미지를 상징한다. 그러므로 지성적 카리스마, 굳은 결의, 진취적 기상, 권위와 주도권 등을 뜻한다. 더 나아가 깊이 있는 감성적 사랑이나 심오한 지성적인 사랑을 뜻하기도 하다. 에고는 바로 정신적 고통과 문제의식 형성에 원인이다. 그 정신적 고통과 문제의식을 타파함으로써 질문자는 승리와 정복이라는 영예를 느끼기도 한다.

Ace of Swords **역방향**

이 역방향은 '거짓된' 권위나 '거짓된' 힘을 뜻한다. 그러므로 폭정이나 보수적이고 권위적인 아버지를 상징할 때도 있다. 또한 힘의 발산에 있어서 부정적이므로 화를 내거나 짜증을 내거나 격렬한 성미를 의미할 수도 있다. 만약 조언적 의미로 이 Ace of Swords 역방향 카드를 해석하려면 에고(아집)에 사로잡히지 마라. 아니면 당신이 지금 사로잡혀 있는 '에고나 아집으로부터 벗어나 올바른 권력을 사용하라'고 조언해 주어야할 것이다.

☑ Ace of Pentacles

Ace of Pentacles **정방향**

이 카드는 금전적인 면에서의 달성이나 번영, 물질적인 부와 심적인 기쁨을 의미한다. 특히 기획했던 일이 돈으로 들어오거나 수입원이 확보되는 것을 의미하기도 한다. 카드를 이미지 리딩해 보면 배경(Background)에 세계 카드에서 볼 수 있는 좋은 의미의 '새로운 세계로 향해감'의 이미지를 볼 수 있다. 이 세계 이미지는 바로 상황이 괜찮은 상태를 의미한다. '새로운 세계를 살려서 이 카드를 바로 미래를 향한 금전적 번영'으로 해석해 보아도 무난하다 본다. 여기서 이 카드가 조언적 의미로 사용되면 '돈을 소중히 생각하라' 또는 '돈을 아껴라'가 될 것이다.

Ace of Pentacles 역방향

이는 역방향이므로 '거짓된 번영', '거짓된 부(富)'를 의미한다. 그렇다면 거짓된 부란 무엇일까? 그것은 사용할 수 없는 돈이나 실제는 돈이 없는데 부자처럼 행세하는 것을 의미할 수 있다. 더 나아가 인색하거나 낭비하는 이기적인 부를 의미하기도 한다. 만약 이 카드가 조언적 의미로 사용된다면 '돈을 쓸데는 써라'는 의미가 될 것이다. 또한 돈에 대해서 거짓된 것은 없는지, 즉 돈이 바르지 못한 곳에서 들어오는지 아니면 돈이 잘못 사용되는지를 조언해 주어야 할 것이다. 만약 질문내용의 초점이 돈이 아니라 질문자의 건강이나 재능 그리고 능력이라면 그에 맞추어 해석할 필요도 있다.

24. [타로탐구] Page of Pentacles

젊은이(시종)는 자신의 들어 올려 진 양손 위에 떠있는 오각형(pentacle)을 골똘히 쳐다보고 있다. 그는 천천히 움직이며, 자신의 주변에 있는 것들에는 무관심하다(알아차리지 못함, 집중과 몰입을 의미). 모자와 목도리가 목을 타고 어깨까지 흘러 내려있다(지성이 감성으로 조화를 이루려고 함). 청년은 두 손으로 정성을 다해 오각형의 펜타클을 들고 있으며 관조하고 있다. 무엇인가 신비로운 힘을 감지하고 있는 듯하다. 펜타클에 대한 지대한 기대와 관심을 나타내고 있다.

떨어질지 모르는 오각형 펜타클을 들고 있는 청년의 모습에는 자

신감이 있다. 즉, 펜타클은 떨어지지 않는다. 그는 집중력과 정신력으로 펜타클의 부와 물질적 풍요를 얻을 수 있다. 자신감과 힘이 청년에게는 있는 것이다.

초록색과 갈색의 옷을 입고 있다. 초록은 나무와 숲을 의미하고 갈색은 흙과 산을 의미하는데 재미있게도 청년의 뒤에는 숲과 산이 보인다. 만약 그가 숲과 산의 조화로움을 잃는다면 손에서 펜타클을 놓칠 수도 있다. 부와 재물을 얻는 것은 바로 그의 집중력과 자신감도 있지만 무엇보다 나무(숲)와 흙(산)의 조화로움이 필요하다.

정방향은 돈과 물질에 대한 소망, 열망, 동경, 열심(몰두), 공부(연구), 학식, 심사숙고; 다른 해석에서는 뉴스, 메시지, 그리고 그것을 가져오는 사람; 또는 지배(통치), 경영(관리); 부를 가져오거나 부의 소식을 가져오는 메신저 청년

역방향은 카드가 뒤집어져 나오면 돈이나 재물에 대해서 관심이나 심사숙고하지 않고 행동하게 되어 재물과 부를 낭비하게 됨을 의미. 부에 대한 실패와 좌절에 대한 안 좋은 소식. 낭비(방탕), 재물을 탕진하기, 인색하지 않고 후함, 사치(호사), 불리한 소식.

25. [타로탐구] Seven of Pentacles 역방향

실속 없는 성급함의 카드. 덤불 또는 농산물처럼 보이는 것에 펜

타클이 6개나 있고, 한 개의 펜타클만 수확한 상태가 Seven of Pentacle

정방향이다. 여기서 알 수 있는 것은 Seven of Pentacles 정방향일때는 수확물을 수확할지를 골똘히 생각하고 근심에 차있는 모습이다.
하지만 Seven of Pentacles 역방향은 그러한 근심에 아랑곳하지 않고 농산물을 수확한 상태이다. 즉, 좀 더 생각해보고 수확해야하는데 그렇지 않고 성급하게 수확한 것이다. 따라서 농산물이 다 무르익지 않은 상태에서 수확했으므로 농산물 제 가격을 팔 수 없어 "실속이 없는" 결과를 가져온다. 이 Seven of Pentacles 역방향은 바로 이런 뜻에서 너무 '성급한', '실속 없는'의 의미를 지닌 타로카드이다.

26. [타로탐구] Eight of Pentacles 역방향

허영심의 카드. '자신의 글을 인터넷에 공개해도 되는지에 대한

물음에 대해 만약 Eight of Pentacles 역방향 카드가 나왔다면, 이 카드는 아직 기술이 부족하거나 또는 허영심에 사로잡혀 있다는 것을 뜻한다. 허영심이란 "분수에 넘치는 외관상의 영예. 필요 이상의 겉치레"를 의미한다. 즉, 자신의 노하우나 지적재산을 인터넷에 올려 가치를 상실시킬 수 있다는 것을 경계해주는 카드이다. 이 Eight of Pentacles 카드는 자신의 기술이나 정보를 숨길 때는 숨기고 드러내 보이지 말라는

계략의 의미도 갖추고 있다.

27. [타로탐구] Ten of Pentacles

10 펜타클이 정방향이라면 돈을 지출하면서 사람들과 즐거운 모임을 갖게 됨을 의미한다. 그러나 역방향이 나오면 돈을 지출하지만 사람들과의 만남이 만족스럽지는 못하리라는 것을 암시한다.

레이첼 폴락의《타로 100배 즐기기》를 참고하면 "이 물질적 재화의 슈트는 부와 안정 측면에서 자신을 실현한다. 토트덱에서는 황금 원반들이 돈더미 한가운데 놓여 있는 생명나무를 이루고 있다. 이와 똑같은 카발라적 형태가 웨이트 버전에도 나타나 있다.

가정과 일터로 이루어진 일상세계는 우리의 모든 주문과 의식들보다 더 위대한 마법을 담고 있다. 그런데 웨이트 타로에 등장하는 인물들은 펜타클 나무를 보지 않는다. 안정은 지루해 보일 수 있으며, 우리는 자신이 누리고 있는 것의 가치를 인식하지 못할 수 있다(자신의 실력이나 능력 그리고 재능 및 소질의 훌륭함을 제대로 알지 못하고 무시하는 경향). 이 카드가 거꾸로 나오면 질문자는 변화와 모험을 추구하게 된다. 재정적 또는 가정적 안정에 위협이 되는 상황을 무릅쓸 수도 있다."

참고자료〉 Ten of Pentacles의 다양한 해석

*** Quest Tarot의 해석**

정방향: 당신이 누구인지를 세상에 보임으로써, 당신은 부와 성공을 획득한다. 가족, 친구, 사랑하는 사람들을 당신 주변에 가져다주는 부. 금의환향. 당신이 지었던 성의 왕이 되고자 하는 풍요로움을 느낌. 가능한 상속이 진행 중이다. 당신의 가족을 사랑하고 부양하는 것. 당신의 광휘는 좋은 모든 것을 끌어들인다. 견고한 기초 및 토대. 당신이 진실로 삶에 있어서 부유하다는 것을 깨달음. 선(善)과 사랑을 받아들임.

역방향: 모든 것이 여전히 그대로 머물러 있으나 지연된다. 이것은 겨울의 끝과 봄의 시작이다. 당신은 즐거움이 다가올 것이라는 당신 자신의 예측을 할 수 있다. 당신이 가지고 있는 모든 것의 진가를 인식하지 못함. 당신은 올바른 방향으로 들여다보고 있지 않다. 시간을 내어 당신의 길 위에 있는 꽃들의 냄새를 맡아보라. 당신은 거기에 있다시피 한다.

*** 실비아 아브라함, 《HOW TO : READ THE TAROT》 해석**

정방향: 재정에서의 주요 변화, 집 또는 사업의 획득, 상속, 뜻밖의 여행, 다른 사람을 통한 재정적 안정, 돈 문제에서의 성공, 돈과 안정을 위한 결혼, 물질적, 좋은 건강, 더 좋은 시절이 다가옴

역방향: 재정적 상황에서 어떠한 변화도 없음, 돈 문제에 있어서 가정적 불운, 연장자 또는 친척이 재정적으로 짐이 될 수 있음. 상속의 손실, 도박, 소비벽(낭비벽), 건강문제에 주의를 기울일 것

"Ten of Pentacles는 Richness of Life와 연관되는 상징이다."

28. [타로탐구] Two of Cups 역방향

이 Two of Cups 역방향 카드는 서로 멀어지는 상태를 조언하는 것이다. 즉, 남녀 이성문제에 대해서 비관적이거나 비판적으로 생각하지 말라는 뜻이다. 즉, 이성관계를 부정적으로 바라보거나 불건전하게 바라보는 인식을 버리라는 것이다. 그리고 남녀간의 화합을 가질 것을 요청한다. 또는 남녀애정관계를 부정적으로 보려고 하지 말라는 뜻도 담고 있다.

29. [타로탐구] Six of Cups 역방향

Six of Cups카드는 정방향은 어렵지 않지만 역방향의 의미는 좀 생각해 봐야 할 것이 많다. 우선 정방향의 의미는 다음과 같다.

정방향: 환상, 망상, 공상, 장미빛 상상에서 벗어날 것. 너무 축제적인 분위기를 생각하고 있음.

그리고 역방향의 의미는 다음과 같다.

역방향: 환상이 현실화됨. 꿈이 실현됨. 또는 꿈을 현실화시키거나 현실화시켜야 됨을 의미. 그리고 다양한 욕구나 꿈들 중에서 어느 하나를 선택해서 현실화함. 상황이 사랑과 축제가 깨진 상태로 변화. 꿈이 깨진 현실이 나타남. 꿈을 깨는 것. '꿈만 꾸지 말라'는 조언을 담고 있다.

역방향의 의미를 자세히 보면 상반되는 내용이 있다. 즉 하나는 환상(꿈)이 현실이 된다는 것이고, 다른 하나는 꿈이 깨져버린 상태가 현실로 나타난다는 뜻이다. 어떤 해석을 선택해야할까요? 이러한 카드의 다양한 의미성을 다의성(多義性)이라고 말한다. 그래서 질문자의 상황과 함께 펼쳐서 나온 다른 카드들을 잘 살펴야 한다. 그래서 최소한 3장 이상 스프레드 방법을 사용하는 것이 필요하다.

30. [타로탐구] Two of Wands 정방향

Two of Wands 정방향 카드는 두개의 완즈가 대립되어 있다. 하나는 남자가 쥐고 있고 바다를 바라보고 야심과 열정을 나타내고

있다. 하지만 나머지 한 개의 지팡이는 이 남자의 등 뒤에 세워져 있다. 남자가 쥐고 있는 지팡이는 바로 사회에 나아가 무엇인가 일을 벌여보려는 의도가 있고, 반대로 남자 등 뒤의 지팡이는 안정적으로 가정에 초점을 두려는 의도가 들어있다.

정리하자면, 쥐고 있는 지팡이는 사회, 개척을 상징하며, 뒤에 있는 지팡이는 안정과 가정을 상징한다. 둘 중에 어떤 것을 선택해야할지 그것이 문제이다.

그러나 답은 명료하다. Two of Wands 정방향이므로 쥐고 있는 지팡이에 초점을 두어야할 것이다. 즉 사회나 개척을 위해서 밖으로 열정을 뿜어내야할 때이다. 만약 Two of Wands 역방향이라면

뒤에 있는 지팡이에 초점을 두어야할 것이다. 즉 안에 충실하여 가정이나 안정을 추구해야할 때이다.

31. [타로탐구] Four of Wands

Four of Wands의 그림을 바라보자. 연인처럼 보이는 사람들이 꽃을 들고 기뻐하고 있는 모양. 결혼을 하고 피로연을 하는 듯 축하행사를 벌이는 모습이 한 눈에 들어온다.
성이 외곽에 보이고 오른쪽에는 정원과 같은 곳으로 이어지는 다리가 있고 왼쪽에는 농부가 보인다. 4 개의 막대기 장대위에 꽃들이 매달려 있다. 전반적으로 행복해 보이는 이미지를 담고 있다.

정방향: 넘치는 행복, (꽃들처럼) 번영, 보호받는 삶(성은 보호를 뜻함), 안정된 삶과 축제, 두 사람 또는 여러 명의 화합, 즐거움의 극치(최상의 탑이 정중에서 두 남녀의 배경을 이룸), 꽃들이 가득한 전원생활, (성곽에 의한) 피난의 안식처, 가정(家庭)의 수확축제, 휴식, 조화(調和), 평화, 노력에 의한 열매를 얻음, 완벽한 시기, 그리고 휴식과 번영을 얻는 시기. 행복과 번영을 계속 유지하려면 장대(완즈: 불의 에너지)가 지속적으로 지탱해 주어야 함. 장대가 쓰러지거나 넘어지면 기쁨 속에 위기가 존재함.

역카드: 의미가 여전히 변경되지 않는다. 번영, 증가, 대단한 행복, 아름다움, 아름답게 꾸밈.

32. [타로탐구] Eight of Wands

정방향: 나무 막대기가 힘 있게 뻗어나가고 있다. 이는 신속히 처리해야함을 뜻한다. 회사의 프로젝트나 일이 진행되고 있다면 신속히 처리해야하거나 아니면 빠른 시일 내에 마무리 될 것임을 암시한다. 철이 달구어졌을 때 쳐야하는 것처럼 이 카드가 나오면 바로 지금이 그 시점이라는 것을 나타낸다. 계획이 있다면 실행에 옮기도록 하고, 새로운 분야로 진출해도 무방하다. 그리고 변화를 수용할 필요도 있다. 민첩하게 행동하고 프로젝트나 일이 갑작스럽게 잘 진척되어 완료단계에 이를 수 있음을 뜻하기도 한다.

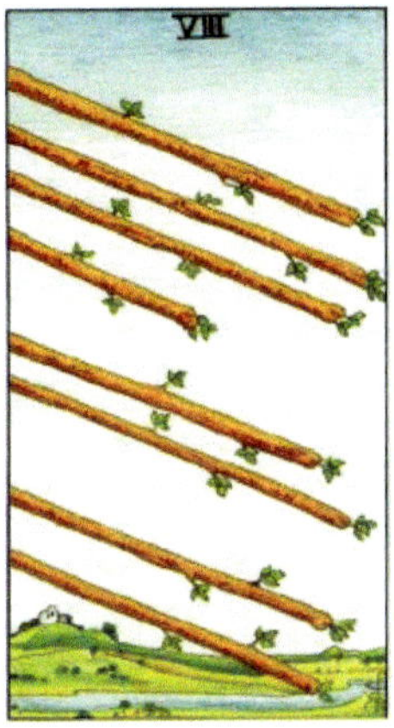

한편으로는 너무 서두르거나 급하게 결정을 내렸음을 암시하기도 한다. 질문자의 상황과 정황에 따라 이 카드의 정방향 의미를 해석해야 할 것이다. '신속한 상태인지' 아니면 '신속해야 할지' 그리고 '너무 신속했는지' 등은 질문자의 물음을 잘 고려해야 할 것이다. Eight of Wands 정방향이 암시하고 있는 뜻에는 성실하고 근면하게 부지런히 일함으로써 일과 프로젝트의 완수를 통해 받게 되는 보상도 포함되어 있다.

또한 미래를 지향하면서 일을 도모하고 성실하고 신속하게 해 나감을 뜻한다. 부지런함, 근면 등을 나타내는 카드라고 보면 된다. 열심히 일해라는 뜻이 강하다. 목표를 향한 분명한 전진을 뜻한다. 성공적인 일의 완수를 의미할 때 이 카드가 나온다. 하고 있는 것이 무엇이든 이제 결론을 내려야할 때이다. 그리고 정보나 소식이 도착함을 암시할 때도 있다. 물론 소식이나 정보가 비밀리에 또는 가장된 형태로 도착할 수 있다.

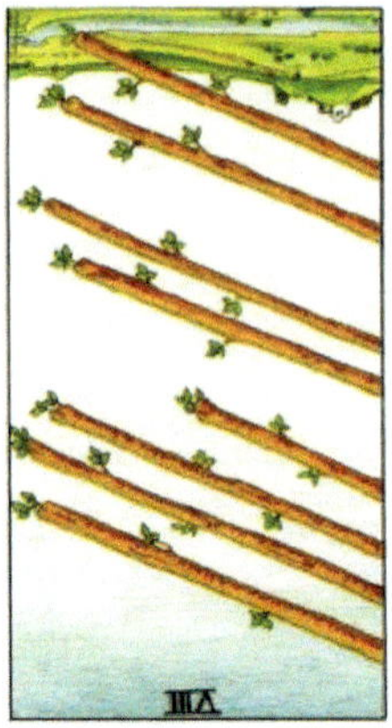

역방향: 너무 신속해서 불상사나 낭패를 볼 수 있으므로 주의해야 한다. 너무 서두르지 말라. 정방향의 카드 특성에 기인하여 문제가 발생한다. 따라서 정방향이 신속할 것을 당부하는 반면, 역방향은 너무 신속해서 탈이라는 것이다.

그러므로 지나치게 앞서거나 돌진하려고 하지 말라고 해석해야 한다. 특히 너무 말이 빨라서 문제가 생기는 것으로 언쟁의 고난이 있다. 너무 빨리 무엇을 하려고 하면 실수를 일으키거나 오해를 불러일으킬 수 있다. 그리고 너무 부지런히 하려고 하면 남으로부터 질투를 일으킬 수 있다. 또한 너무 서두르기 때문에 괴로움을 당할 수도 있다. 더 나아가 서두르면 분쟁과 싸움 그리고 충돌이 일어날 수 있다.

반면에 이와 달리 신속함의 정반대로써 너무 느림, 또는 침체를 뜻할 수도 있다. 성격상 너무 서둘러서 발생되는 문제점을 암시하는 뜻을 지닌다. 남을 생각하지 않고 지나치게 서두르면 타인과 싸우게 될 수 있다는 점에 주의하라는 암시가 있다. 이 역방향 카드는 분명한 일의 움직임을 저지하거나 방해한다. 신속한 에너지가 봉쇄당하거나 차단된다. 프로젝트의 잠정적 중단이나 에너지가 소진되어 더 이상 노력의 기미가 보이지 않는다. 지연과 해결책이 보이지 않을 때 이 역방향 카드가 나온다.

33. [타로탐구] Ten of Wands

잠시 정신적 압박으로부터 벗어남. 열정에 대한 몰입이 잘못될 수 있음. 열정을 낭비할 수 있으므로 주의. 발을 헛딛을 수 있음(실수 가능). 열매를 보지 못함(쥐고 있는 10개의 열정의 완즈를 못보고 있으므로). 결과를 중시하지 않음. 열정이 오히려 무거운 짐. 무거운 짐을 짊어지게 되는 상황(앞에 무거운 것을 쥐고 있는 것에 대한 정방향 카드의 반대). 육체적 피로. 기다릴 것(달려가지 말 것)

정방향인 경우에는 반대로 지나치게 몰아붙임, 일(열정)에 지나친 몰입, 또는 일에 대해 누군가로부터 지나친 압력 등을 들 수 있다. 정신적 부담이 있을 것이나 문제가 해결될 수 있음을 암시한다.

34. [타로탐구] Ace of Swords

소드라고 발음되는 검은 지성(Intellect)을 의미한다. 소드와 관련된 이미지는 날카롭고 까다롭고 명석하고 권위적이고 힘이 있고 위협적인 것과 관련된다. 그리고 소드는 왼쪽 뇌, 즉 좌뇌적 사유를 의미하며, 투쟁과 도전을 의미한다. 물론 문제와 고통을 의미하기도 한다. 가장 정확하게는 문제의식, 또는 화두(話頭) 정도로 보면 된다. 이 소드 관련 카드가 나오면 풀어야할 문제가 있다는 것이다. 그리고 질문자의 삶에서 나타나게 되는 아이디어를 의미하기도 한다. 그리고 그 문제는 결단력과 식별(Discrimination)을 사용해서 해결해야 한다. 붓다의 정견(正見)과 정사유(正思惟)가 그것이다. 정명(正命)과 정정진(正精進)은 열정을 뜻하는 완즈(Wands), 정어(正語), 정념(正念)과 정정(正定)은 컵스(Cups), 정업(正業)은 일과 돈을 뜻하는 펜타클(Pentacles)을 각각 의미한다.

소드 카드에 대한 의미를 충분히 이해하기 위해서는 10개의 ACE에서부터 Ten까지의 소드카드를 분석하고 또한 코트(Court:궁정) 카드 4개를 모두 분석해야 한다. 그래서 공통점을 찾는 것이 중요하다. 소드는 정신자세, 적응성(Adaptability)을 뜻하기도 한다. 적응성이란 문제를 잘 적합하게 해결하는 능력, 또는 문제에 적응하는 능력 이렇게 볼 수도 있을 것이다.

우선 Ace of Swords 카드를 살펴보자. 역경(adversity)내지 불운에서의 힘이 이 에이스 카드의 표징이다. 즉, 에이스 소드 카드가 나왔다면 '역경 속에서의 힘'을 상징한다고 보면 된다. 질문자는 의지력, 용기, 지성을 모두 사용해서 목표에 도달하게 된다. 그러나 검의 양날은 문제의 양면을 뜻한다. 두 가지 방식으로 사용된다는 것을 암시한다. 힘과 에너지의 결과는 건설적이면서 파괴적이다. 이 이야기는 검(지성)을 사용해서 문제를 해결함으로써 생산적이고 건설적인 효과, 즉 남을 살리거나 회생시키는 결과를 가져올 수도 있는 반면, 남을 해치거나 피해를 주거나 하는 등의 결과를 초래할 수 있다는 뜻이다. 질문자는 환영을 잘라내고 진리의 심층부에 들어서도록 복잡한 상황을 제거해 나감으로써 이해에 도달하게 된다.

질문자는 다르게 생각하고 의사소통하기 시작한다. 새로운 신념과 믿음이 질문자가 어떤 것을 창안하도록 하며 신비에 대한 답을 찾도록 하며 오래된 문제를 해결하도록 한다. 질문자는 주도권을 쥘 수 있으며, 새로운 기회를 이용할 수 있다. 신기하게도 질문자는 질문자가 원하는 것을 얻을 수 있다.[29] 점성술적인 요소는 공기(air)를 뜻하며 계절로는 겨울(Winter)이다.

35. [타로탐구] Nine of Swords

정방향: 과거의 실수로 인한 정신적 고통(하지만 무릅쓸 수 있는 고통이다. 그리고 검이 세개만 주인공의 머리 뒤를 배경으로만 관통하고 있다. 실제로 고통이 크지 않을 수도 있다는 것을 암시한다)

역방향: 양심의 가책. 또는 과거로부터 받은 정신적 고통이 사라지게 된다는 암시를 갖는다. 가혹함이나 고통이 사라지는 시기이므로 라이첼 폴락 여사의 말대로 자신의 슬픔을 부정하기보다는 자신이 상황을 진정으로 변화시킬 수 있다는 확신을 품을 필요가 있다.

또한 이 카드는 카드의 주인공이 배경의 검을 직접 보고 있지 않다. 이는 주인공이 슬픔과 불안 그리고 가혹함에 휘말려서 문제와 고통(소드/검의 본질)을 정면으로 바로 보지 못하고 있다는 점을 알 수 있다. 주인공(주체)이 문제 상황(객체로서의 검)을 해결하기 위해서는 주객일체가 되어야 한다. 주인공은 자신의 문제를 정면으로 바라보는 것이 문제를 해결하는 첫 관문인 것이다.

36. [타로탐구] Six of Wands 정방향과

29) 참고문헌: Power Tarot, Trish MacGregor, Phyllis Vega

Knight of Cups 정방향

Six of Wands는 여성을 성적으로 정복하여 여성을 얻는 장면을 보여주며, Knight of Cups는 여성에 대해 청혼하러 가는 장면을 보여준다. Six of Wands의 주인공 남자는 열정의 소유자이며 매우 강렬한 성적 욕구를 지닌 사람이고 정복욕을 지닌 사람이다. 반면 Knight of Cups 카드의 주인공 남자는 물고기라는 무의식 깊은 영혼의 쿤달리니가 각성된 매우 감성적인 젊은이로서 순수한 마음으로 청혼하는 것이다.

37. [타로탐구] Queen of Wands 역방향과 Page of Wands 정방향

Queen of Wands 역방향의 부인은 남편에 대한 의부증이 심한 상태를 뜻하며, Page of Wands 정방향은 여성(시종)이 남성(지팡이)을 사모하고 애틋한 마음과 관심으로 정성스럽게 사랑하고 있음을 알 수 있다. Queen of Wands는 잘못된 사랑을, Page of Wands

정방향은 순수한 여성의 사랑을 의미한다.

38. [타로탐구] The World 역방향과 Ten of Wands 정방향

The World 역방향 카드는 '일의 미완성'을 뜻하며, Ten of Wands 정방향 카드는 '일의 완성'을 의미한다. The World 역방향은 도중하차 등을 의미하지만 Ten of Wands 정방향은 일이나 프로젝트를 완수하기 위해서 필사의 노력을 다하는 모습을 보여준다. 특히 Ten of Wands 정방향은 목표에 도달하거나 특정한 단계나 위치를 유지하려고 노력함을 알 수 있다.

39. [타로탐구] Two of Cups 역방향과 Ace of Pentacles 정방향

Two of Cups 역방향은 '행복이 깨짐'을 뜻한다. 반면 Ace of Pentacles 정방향은 행복을 획득함을 뜻한다. Two of Cups 역방향은 사랑이나 우정 그리고 동반자나 동업자 간의 행복이 소멸됨을 나타내고 Ace of Pentacles 정방향은 동업자나 누군가로부터 계획된 일이 돈으로 들어와 행복해

지는 상황이 된다. Two of Cups 역방향은 두 사람 간에 문제가 발생하여 행복이 깨어짐을 나타낸다.

40. [타로탐구] Ten of Cups 정방향과 Four of Cups 정방향

Ten of Cups 정방향은 '만족스러운 상태와 가정의 행복한 상태'를 뜻한다. 반면, Four of Cups 정방향은 '삶에 대한 혐오와 인생 중 정지된 시기'를 뜻한다. Ten of Cups 정방향은 행복, 기쁨, 즐거움, 만족의 상태를 뜻하며, Four of Cups 정방향은 피로, 실망, 혐오.

41. [타로탐구] The Emperor 역방향과 Knight of Pentacles 역방향

The Emperor 정방향은 고집세고, 결단력있고, 지도력 있는 사람을 의미한다. 반면 황제 역방향은 미숙하고 의지가 약한 상태를 표현한다. 한편, Knight of Pentacles 정방향은 불굴의, 끈기있는, 결말을 볼 능력이 있는 사람 등의 강인한 심신소유자를 뜻한다. 역방향은 정반대로 해석해 게으름, 결심이나 방향 제시가 부족한, 독선적인 관점 때문에 생기는 제약들이라는 뜻을 가지고 있다.

42. [타로탐구] Five of Swords 정방향과 Six of Wands 정방향

Five of Swords 정방향은 애인을 뺏김으로서 '패배'를 뜻하며, Six of Wands는 여성을 얻음으로서 '정복', '승리'를 뜻한다. Five of Swords 정방향은 실연, 적수로 인한 좌절, 굴복, 굴욕, 악명, 불명예 등을 뜻하며 Six of Wands 정방향은 좋은 소식, 진보, 기대, 노력의 결과로 실현하게 된 욕망들을 뜻한다. 두 카드를 대비해서 해석하면 카드를 기억하는데 도움이 될 것이다.

43. [타로탐구] The Moon 정방향과 Five of Wands 정방향

책을 출판하면 잘 팔릴 수 있을까. The Moon 정방향은 경쟁률이 높거나 근심스러운 상태를 뜻하며, Five of Wands 정방향은 경쟁자들이 많아 책을 내도 잘 팔리지 않을 수 있음을 나타낸다.

또한 Five of Wands 정방향은 다양한 욕망들이 싸움을 벌이는 힘든 상황내지 고투(苦鬪)를 뜻하며, 달 카드 정방향도 불안과 동요 그리고 거짓과 신경피로에 의한 질병 등을 암시하고 있다. 한편으로는 Five of Wands 역방향과 달 카드 정방향은 '속임수'라는 키워드를 공통으로 갖고 있다.

44. [타로탐구] Page of Swords 역방향과 Nine of Pentacles 역방향

Page of Swords 역방향은 정신분열증이 심한 상태이고 Nine of Pentacles 역방향은 우울증이 심한 상태이다. Page of Swords 정방향은 그런대로 견딜수 있는 정신병이나 다소간의 정신적 스트레스로 고통을 받는 상태이며 Nine of Pentacles 정방향은 우울증이 있으나 그런대로 견딜 수 있는 상태를 뜻한다.

타로카드 실전편

"타로 리딩은 섬광같은 경고이다.
따라서 선택은 당신에게 달린 것이다.
메이저 아르카나는 우리가 결코 지상에서 경험할 수 없는
원형(Archetypes)들로 보여 질 수 있는 반면,
마이너 아르카나는 우리 자신의 삶속에서 우리를 둘러싸고 있는
일반적인 행위들과 관련된 사람들을 그리고 있다.".

– Isabel Radow Kliegman, Tarot and the Tree of Life –

45. [타로실전] 20대 남성인데 향후 연애운은?

The Star 역방향

Knight of Wands 정방향

Six of Swords 역방향

1. The Star **역방향**

별처녀는 이 남성이 순수하지 못한 여성상 추구한다는 것을 알 수 있으며, 이는 별처녀가 역방향으로 나와 있음을 통해 짐작할 수 있다. 따라서 여성상을 순수하게 내면에 키울 필요가 있다. 혹은 소위 양다리를 걸칠 수 있는 여자를 사귀게 될 수 있으니 조심하라는 의미일 수도 있다. 또한 그림에 나온 새는 남성을 의미하고 현재 여성에 대한 자세나 목소리가 심하게 위축되어 있음을 암시한다. 구애를 위해서라면 좀 더 자신감있는 자세로 적극공세를 펼쳐야 한다. 반면 현재 좋아하는 여성이 자신보다 월등하게 높은 지위나 상황에 있음을 의미하므로 눈높이를 조금 낮추는 것도 필요하다.

2. Knight of Wands **정방향**

남성이 여성을 얻으려면 말을 타고 활기차게 전진하듯 적극적인 구애가 필요하다. 즉, 여성을 찾아 나서야한다는 것이다. 하지만 머리와 갑옷의 깃털들은 바로 남성이 적극적인 구애 행동을 펼치기 보다는 자기 만족적인 즐거움에 빠져있음을 의미한다. 붉은색의 갑옷에 있는 깃털은 쿤달리니(Kundalini)를 상징하며 쿤달리니는 카타르시스를 일으키는 에너지를 의미한다.

3. Six of Swords 역방향

Six of Swords 정방향은 남자주도로 관계가 펼쳐짐을, 역방향은 여자주도로 관계가 펼쳐짐을 의미한다.

4. 결론

이 남성은 건전한 여성상을 갖기 위해 노력하고 적극적으로 여성을 찾아나서야 연애가 가능하다. 또한 눈높이는 낮추면서도 자신감 있는 모습을 보여야 연애에 성공할 수 있다.

46. [타로실전] 대학생인데 앞으로 취업운은?

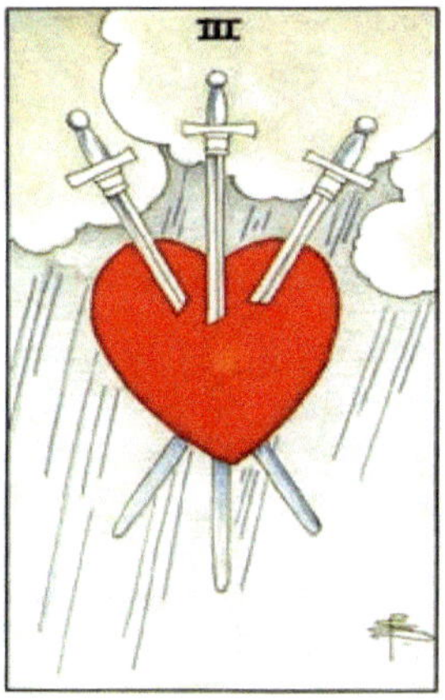

Three of Swords 정방향

Ace of Swords 역방향

Six of Swords 역방향

1. Three of Swords **정방향**
내담자는 사회생활을 해오면서 최근 대인관계 기피, 대인관계에 의해 마음의 상처를 받았음을 알 수 있다. 또한 향 후 직장생활을 해나갈 때 대인관계가 미성숙하기 때문에 대인관계가 중시되는 회사나 업무를 되도록 피하는 것이 좋을 수 있다.

2. Ace of Swords **역방향**
명예와 권위를 추구하는 직업은 피하는 것이 좋다. 카드가 암시하고 있는 직장은 프리랜서 식으로 일을 하거나 자영업 형태로 일하는 것이다.

3. Six of Swords **역방향**
고도의 두뇌회전을 요하지 않는, 단순한 업무가 좋다. 고정급을 받는 형태보다는 성과급을 받는 형태도 괜찮다. 학습지 판매나 발품파는 가정방문 교사직이면 적당하다.

47. [타로실전] 공무원시험 포기하고 다른 직장 구할까?

Two of Wands 정방향

Page of Cups 역방향

Death 정방향

1. Two of Wands 정방향

이 여성분은 목표를 두 개를 가지고 공부하고 있음, 이는 두 개의 완즈가 하나는 쥐고 있고 하나는 제쳐두고 있음을 통해서 알 수 있다. 또한 지구본을 쥐고 있는 것은 마음속으로 큰 야망을 가지고 있다는 것을 알 수 있다. 하지만 등 뒤의 제쳐둔 완즈는 다른 일자리는 제쳐두고 있는 상태, 그리고 이 여성은 취업때문에 스트레스를 많이 받고 있고 집안 분위기도 좋지 않은 상황이다. 이는 남자의 머리 색깔이 붉은 색이고 오른 쪽에 보이는 집 지붕의 색상이 붉은색이기 때문에 함께 연관지어 해석하는 것이다. 이렇게 동반지어 해석하는 것을 상응성 원리(Correspondence Theory)[30]라고 한다.

2. Page of Cups 역방향

그러나 공부는 취업(일자리)으로 연결되지 못하고 일자리를 놓치게 된다. 이는 컵이 뒤집어져 물고기가 떨어짐을 보고 알 수 있다.

3. Death 정방향

결국 일자리는 실패하고 새로운 삶의 도전으로 나아가게 된다. 또는 운명의 시련 앞에 좌절하는 모습을 나타내기도 한다. 쓰러져 있는 남자는 사라진 자신의 과거를 의미하며, 서있는 노란색 옷을 입은 사람은 죽음(시련) 앞에서 나약해진 자신의 모습을 의미한다.

4. 결론

여성분은 목표를 확실하게 정하는 것이 먼저 요구되며 현재 구직하기가 쉽지 않은 상황이지만 체념하지는 말고 새롭게 용기를 내야

---

30) 상응성 이론(Correspondence Theory)은 매우 중요한 타로의 관법(灌法)이다. 따라서 꼭 일반 타로점술가들도 상응성 이론에 대해서 잘 아셔야 한다. 타로카드 그림에서 한 이미지를 생각할 때 그 이미지가 타로카드의 다른 이미지를 이어줄때 이때를 상응성이라고 말한다. 여기서와 같이 유니버설 웨이트나 라이더 웨이트 타로의 Two of Wands 카드는 전경(foreground)에 위치한 남성이 쓰고 있는 모자가 붉은 색인데 직관적으로 이 붉은 색을 본 다음 다시 여기에 상응하여 배경(background)에 위치한 집의 지붕이 붉은 색이라는 것을 인지한다면 이것이 바로 상응성이라고 한다. 이는 상황에 따라 다양한 해석을 할 수 있지만 주인공(남성 또는 여성)의 스트레스가 가정에도 스트레스를 주는구나, 아니면 주인공(남성 또는 여성)의 스트레스는 가정문제로 발생하는 구나라고 알 수 있다. 전자와 후자의 차이는 타로의뢰자의 상황과 정황을 보고 설명해야 할 것이다.

하는 상황이다.

48. [실전 타로] 20대 남성인데 올해 여자친구가 생길까?

Four of Cups 역방향　Knight of Wands 정방향　Two Cups 정방향

1. Four of Cups **역방향**

   무의식 깊은 마음에서 이성에 대해 관심을 가져라.

2. Knight of Wands **정방향**

   이성을 적극적으로 찾기 위해 노력하고 애정공세를 펼쳐라.

3. Two of Cups **정방향**

   여성을 만나거든 먼저 남성 쪽에서 프로포즈를 해야 성공한다.

4. **결론**

   여성에 대한 관심이 생기면서 남성은 적극적으로 여성에게 애정공세를 취하게 되고 결국 여성이 남성에게 화답을 주는 관계가 됨을 알 수 있다. 남성은 올 해 여자친구가 생기게 된다.

49. [타로실전] 20대 남성인데 시험합격 가능한가?

1. Seven of Swords 정방향

이는 5개의 검을 쥐고 가는 사람이 빨리 걸어가 고 있다가 나머지 두 개의 검을 다시 되돌아 보 는 상황이다. 즉 소홀히 한 공부과목이 존재하 고, 이 부분은(두 개의 검) 시험을 보는 장소인 막사에 가까이 있는 상황이라 공부한 과목보다 소홀히 한 부분에서 시험 문제가 더 많이 나올 수 있는 상황이다.

Seven of Swords

2. 결론

이 남성은 소홀히 한 과목을 다시 공부하지 않는 한 시험에 합격하기 어렵다. 결론해 현재로서는 시험에 합격하기는 어려운 상황이다.

50. [타로실전] 50대 남성인데 짝사랑하는 여성이 내게 관심 있나?

Knight of Cups 정방향

Strength 역방향

Nine Cups 정방향

〈둘 간의 관계〉

1. Knight of Cup 정방향

(과거) 상대 여성은 질문자인 남성으로부터 관심을 받길 원했다.

2. Strength 역방향

(현재) 질문자인 남성은 현재 상대 여성을 컨트롤할 수 있는 힘과 의지가 부족한 상황이다.

3. Nine Cups 정방향

(미래) 상대 여성은 9개의 컵만큼 남성이 감수성이 매우 풍부한 남자라고 생각하게 된다. * Nine of Cups에 나오는 남자는 나이든 남자를 의미한다.

〈관계 조언〉

Eight of Pentacles 역방향

Four of Cups 역방향

Seven of Cups 역방향

4. Eight of Pentacles 역방향

남성은 기술, 돈에 대한 능력이 결여된 상황이다.(남자의 능력 부족). ※ 실제로 이 남성은 무직자였음.

5. Four of Cups 역방향

여성에게 관심을 가져나가는 것이 두 사람의 관계개선에 도움.

6. Seven of Cups 역방향

상상만 하지 말고 현실적으로 행동하는 것이 두 사람의 관계를 긍정적으로 이끌 수 있다.

〈추가 질문_결혼해도 되나?〉

* 현재 남성은 기혼, 이혼 후 여성과 결혼하기를 원하는 상황.

The Hierophant 역방향. 신성한 결혼이 아니다. 결혼은 안됨. 결국 두 사람의 관계는 호전될 수 있지만 현재 불륜관계를 청산하고자 결혼하는 것은 가능하지 않다.

51. [실전 타로] 30대 여성인데 남자친구가 나를 함부로 대하는 것 같은데?

Two of Wands 역방향　Four of Cups 정방향　Ten of Cups 정방향

1. Two of Wands 역방향

Two of Wands 정방향에서 남자가 들고 있는 막대기는 남성의 성기를 상징하며 그리고 꽃모양의 돌 위에 봉을 얹고 있다. 이는

여자를 정복하고자 하는 욕망을 의미하지만 역방향이 나왔으므로 여성에 대한 성적 정복욕이 사라졌음을 의미한다.

2. Four of Cups **정방향**

여성은 남성의 (성적인 면에 치우친) 사랑을 거부한다.

3. Ten of Cups **정방향**

(두 사람간의 성적인 면에 치우친 관계를 청산하고) 행복한 관계나 가정을 이루게 된다.

4. **결론**

남자친구가 여성을 더 이상 성적 갈망의 대상으로서만 바라보지 않고 있고 여성 또한 과거의 애정관계(성적인 면에 취중 된)에 관심을 두지 않게 된다. 결국 서로에 대한 관점을 바꿈으로써 두 사람은 더욱 행복한 연인이 될 수 있고 결혼도 가능하다.

52. [실전 타로] 20대 여성인데 건강운은?

Temperance 역방향

Page of Swords 정방향

Two of Cups 정방향

1. Temperance **역방향**

이성관계에 대한 절제를 하지 않는다는 뜻. 낙태수술 3회 가능성(꽃 3송이가 시들음). 발을 물에 담구고 있는 것은 물이 상징하는

'자궁'에 병이 들어있음을 시사한다.

2. Page of Swords 정방향

여성은 현재 스트레스를 받고 있는 상황이다. 맨 땅에서 허공을 바라보며 검을 들고 있는 모습은 현재 상황을 제대로 직시하지 못하고 있음을 의미한다.

3. Two of Cups 정방향

여성이 건강을 회복하기 위해서는 연애를 하거나 결혼을 하는 것이 도움이 될 수 있다는 것을 암시하고 있다. 건강한 연애관계를 통해서 건강이 호전될 수 있다.

53. [실전 타로] 30대 남성인데 연애운은?

The Empress 정방향

The Tower 역방향

Two Pentacles 역방향

1. The Empress 정방향

여성과 인연이 된다는 뜻. 여왕 카드에는 다음과 같은 뜻이 있다. "번영한다. 풍부한 정감과 포용력, 임무의 완성, 예술적 재능,

여성을 대상으로 하는 일, 우아한 생활, 물질적 원조를 많이 받음, 주목의 대상이 됨, 여성적인 매력이 늘어남, 열매 맺을 연애, 사랑 받고 있다는 실감, 결혼한다. 출산. 성숙한 여성, 연상의 여자"

2. The Tower 역방향

그러나 그 다음으로 탑 카드 역방향이 나왔으므로 이별하게 된다. 물론 탑 카드 역방향에는 "긴박한 상황, 험악한 공기, 내분, 파멸직전, 물너날 여지의 선정이 문제, 쇼크 받다. 배수의 진을 펴다, 형사 문제에 주의하라, 우쭐대다 뼈아픈 대가, 불운의 상황, 궁지, 애정의 위기, 이별의 예감, 교만, 도산, 파산, 불법업체"와 같은 의미를 지니고 있다.

3. Two Pentacles 역방향

마지막으로 Two 펜타클 역방향은 갈등이 심해지고 모든 것을 떨쳐 버리고자 한다는 의미로 해석된다. 여성과 헤어지는 바람에 일이나 공부까지도 힘들어지고 지쳐있는 상태를 의미한다.

4. 결론

결론적으로 이 분은 앞으로 2년간에는 여성에 대해서 깊이 사귀는 것을 삼가하고 조신하는 것이 좋겠다.

54. [타로실전] 며칠 전 만난 남자친구, 앞으로 어떻게 될까?

The Lovers 역방향

Six of Swords 정방향

Five of Swords 정방향

1. The Lovers 역방향

인연이 아닌 연인. 사귀더라도 질투심이 방해를 하거나 서로 목표와 관심이 달라서 관계가 소원해 질 수 있다.

2. Six of Swords 정방향

남자가 관계를 주도하게 됨. Six of Swords 정방향은 남자가 배를 저어가고 여자는 배에 몸을 숨기고 조용히 앉아 있는 모양이다. 이것으로 볼 때 남자의 주도하에 사랑이 이루어지는 것을 의미할 수 있다. 또한 여성은 지성적인 여성이나 자신의 지성은 남성의 거대한 감성능력(강물의 메타포)에 의해 제압된다. 그러므로 여성은 자신도 알 수 없는 스트레스나 체념을 경험하게 된다.

3. Five of Swords 정방향

실연[31]. Five of Swords 정방향은 애정문제에 있어서는 실연을 의미한다. Five of Swords 정방향이 '상실'의 의미를 지니게 된 것은 "황금새벽회[32]에서 이 카드를 '패배의 군주'라고 불렀고 숫자 '5'의 의미가 '상실'의 의미를 지니고 있기에 결부해 현재 소유한 권위나 관계가 깨어지는 것으로 해석하게 된다.

55. [타로실전] 중년남성인데 인생 전반운은?

Ten Wands 역방향

The Fool 역방향

Six of Sword 역방향

1. Ten of Wands 정방향 (초년운)

그림을 보면 몰입과 집중을 하고 있는 모습이다. 막대기는 열정을 뜻하며 특히 일에 정신적 열정 에너지를 붇고 있는 것을 의미한다. 원래 Ten of Wands 역방향은 과도한 짐을 내려놓거나 일을

---

31) 이 5검은 해석에 특히 주의해야하는데 정방향일 경우는 질문자(상담의뢰자)가 실연을 당하는 것이고 역방향이면 질문자가 남의 애인을 빼앗는 것을 의미함.

32) 황금새벽회는 황금여명회 또는 황금여명 비밀교단이라고도 말한다. 황금여명 비밀교단은 근대 신비주의 학파로서 최고의 학파로 자리매김하고 있다. 동양의 밀교(密教)라고 생각하면 된다. 동양은 성에너지를 비밀리에 다루는 교리를 밀교라고 하지만, 서양은 흑마법이나 주술과 심령술을 비밀리에 다루는 교리를 밀교라고 이야기하고 있다.

포기한다는 의미가 있다. 그러나 여기서는 정신적 에너지보다는 육체적 에너지에 과도한 에너지를 쏟아 붓고 있는 상황이라고 해석하는 것이 좋다. 또한 육체적 힘의 소진이란 측면에서 해석해도 무방하다. 이 책의 서두에서 명상을 통해 '있는 그대로'를 볼 수 있는 직관력을 기르는 것이 중요하다는 것을 여러 번 강조했는데 이러한 명상의 힘이 타로카드 해석의 미세한 차이를 가져올 수 있기 때문이다.

2. The Fool 역방향 (중년운)

정방향일 경우 자유분방함을 추구하는 방랑자, 모험과 꿈을 갖는 사람을 의미하지만, 역방향으로 나왔기 때문에 뚜렷한 목표를 갖고 모험을 하는 모습으로 볼 수 있다. 또한 자신의 발 앞에 있는 낭떠러지를 알아차리게 되는 시기이므로 다른 면에서는 자신의 삶에 있어서 더 한층 성숙한 국면을 맞는 상황이라고 해석할 수도 있다.

3. Six of Swords 역방향 (말년운)

Six of Swords의 역방향이다. Six of Swords 정방향은 남성의 주도로 해외 등으로 나가는 것을 의미한다. 역방향의 경우는 여성의 주도로 다시 돌아오는 상황이어서 해외나 타지에서 생활하다가 말년에는 다시 고국이나 고향으로 돌아오는 상황이 됨을 의미한다.

56. [타로실전] 20대 과외선생인데 수업료를 제 때 받을 수 있는지?

The Star 정방향 The Emperor 역방향 Ten of Wands 정방향

* 질문자의 상황

현재 대학생이고 아르바이트로 초등학교 학생들을 가르치고 있는데 수업시간에 충실하지 않아 수업이 제대로 이뤄지지 않고 있는 상황이다. 질문자는 수업 성과가 없을 때 학부형으로부터 제대로 수업료를 받을 수 있는 지 불안해했고, 향후에도 계속 과외를 지속할 수 있을 지 궁금해 하는 상황이다.

1. The Star 정방향

별처녀는 질문자인 여성을 의미한다. 순수한 성품이며 양손에 물병이란 지식과 지혜를 나눠주고 있는 상황이다. 그림에서 보면 한 물병은 샘물로, 다른 물병은 꽃밭에 어지럽게 쏟아지는 상황이다. 즉 한 학생은 배움을 쉽게 이해하고 받아들이게 되지만, 다른 학생은 산만하게 받아들이고 있다.

2. The Emperor 역방향

황제 역방향은 학부형이 여성의 실력에 대해 현재 의심하고 있다는 뜻이다.

3. Ten of Wands 정방향

Ten of Wands에서는 남성이 위 쪽 부분에 나오는 새싹들을 보지 못하고 무모하게 돌진하는 모습을 보여주고 있다. 즉, 여성은 학생들을 가르칠 때 현실적으로 시험에 나오는 문제를 중심으로 가르치기 보다는 맹목적으로 자기가 아는 지식만을 전수하려고 노력하고 있는 모습이다.

〈조언카드〉

The Temperance 역방향

King of Cups 정방향

Five of Wands 정방향

1. The Temperance 역방향

여성은 두 명의 아동을 가르치는 것에 균형과 조화를 맞추는 것이 필요하다.

2. King of Cups **정방향**

카드의 그림은 사랑으로 넘치는 아버지의 모습이다. 문제 학생의 아버지는 사랑으로 넘치는 분 일 가능성이 높으며, 여성은 학생의 아버지처럼 사랑으로 아이를 돌봐줄 필요가 있다.

3. Five of Wands **정방향**

문제 학생의 주의를 환기시키는 방법을 알아보기 위해 추가적으로 한 장의 카드를 더 뽑았다. Five of Wands 정방향 카드는 이 말썽꾸러기 학생이 주변 아이들로부터 공격을 받고 있는 상황임을 암시하고 있다. 현재 학생은 주변 아이들과의 관계에서 심적인 부담을 갖고 있는 상황이므로 친구들과의 관계를 잘 풀어갈 수 있는 적절한 조언을 해주는 것도 문제 학생이 조금 더 학업에 집중할 수 있도록 도와주는 방법이다.

57. [타로실전] 30대 여성인데 임신이 가능한가?

이 카드는 남성이 자신의 성기(막대기)로 여성의 성기(월계관)을 뚫고 있는 장면을 연상시킨다. 이는 남성의 정복욕과 열정이 여성을 압도하는 상황이고 따라서 여성이 임신을 하기위해서는 남편과의 성관계에서 오르가즘을 통해 즐거움과 쾌감을 느껴야 임신이 가능하다는 것이다. 또한 6개의 지팡이 중에 한 개의 지팡이만이 월계관을 걸고 있는 그림이기에 6번 정도의 성관계를 통해 1번 정도만 임신가능성이 있다고 해석할 수 있다.

즉 여성이 임신을 하기위해서는 적극적인 성관계와 이를 통한 오르가즘을 느끼는 것이 중요한데 이를 위해서는 '임신을 위한 성관계'란 의식을 버리고 남편과의 관계 자체에 만족하는 것에 초점을 둠으로써 임신에 대한 스트레스를 해소하는 것이 먼저 요구된다.

58. [타로실전] 간호사인데 직장 동료가 사귀자고 하는데?

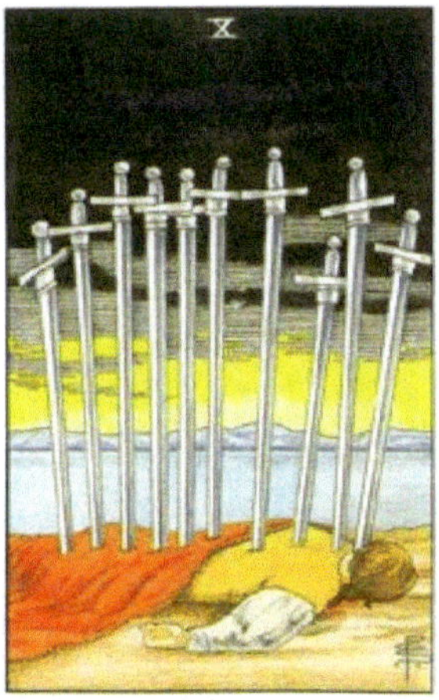

Q〉 직장동료와 지금 사귀어도 되나?

Ten of Swords. 지금은 사귀어서는 안 된다는 카드이다. 카드를 보면 알 수 있듯이 검이 사람(여기서는 질문한 여성)의 몸 위에 모두 꽂혀 있다.

단, 10개의 소드(검)가 뜻하는 것은 "일을 배워서 고비를 넘기면 괜찮다"는 의미를 품고 있다. 따라서 여성은 직장에서 일을 얼마 만큼하여 직장에서나 일 때문에 고통과 어려움을 겪은 후 한번쯤 고비를 넘긴 후에 새로운 남자친구를 사귀었으면 좋겠다는 형태로 나온다. 그러니 지금 시선을 주는 남성은 신경쓰지 말고 그냥 일이나 열심히 하면서 나중의 인연을 기대해야할 것이다.

Q〉 질문한 직장동료와 거리를 두려면 어떻게 해야 하나?

Five of Cups 역방향은 몸을 검은색 옷으로 가리고 나머지 두개의 컵에 대해서 희망을 갖는 모양으로서 있다. 현재는 힘들지만 향후에는 관계가 계속될 수 있음을 의미한다.

Seven of Pentacles는 현재 일을 하면서 느긋한 마음으로 기다려야 함을 의미한다.

59. [타로실전] 30대인데 언제 취직이 될까?

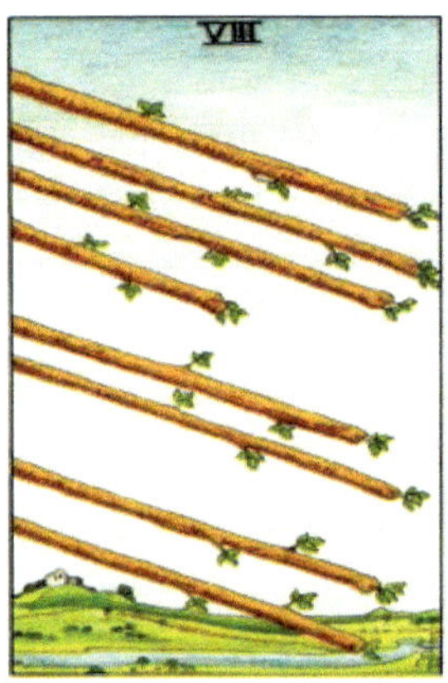

Knight of Pentacles 역방향 Eight of Wands 정방향 The Sun 역반향

1. Knight of Pentacles 역방향

심신일치가 안됨. 기사의 투구에 있는 녹색 잎파리와 검은 말의

머리에 있는 이파리가 일치한다. 따라서 정방향일 때는 마음(기사)과 몸(말)이 일치함을 뜻한다. 역방향은 반대이다. 우선, 돈에 대한 관심에서 벗어나라고 당부하고 싶다.

2. Eight of Wands 정방향

'너무 서두르고 있구나' 이렇게 신께서 조언해 주고 있다. 너무 급하게 구직을 하게 되면 문제가 있을 수 있다.

3. The Sun 역방향

The Sun 역방향은 어린아이같은 순수한 마음을 뜻함. '태양이 뜰 때까지 기다려라' 이런 의미도 있으니 아쉽지만 운이 올 때까지 기다리는 것이 좋겠다.

조언카드(당장 무엇을 하며 지내야하나?)

여사제 역방향. 꿈을 너무 크게 갖지 말고 현재 공부하고 있는 주역이나 역학 등에도 너무 심취하지 않는 것이 좋다는 권고이다.

또한 여교황이 역방향은 인간관계에 대한 조언과 현재의 지식을 현실화하라는 뜻이 있다. 남성이 공부하고 있는 내용을 현실적으로 활용하기 위해, 인간관계를 개선하는데 활용해 보는 것도 의미가 있을 수 있다.

60. [타로실전] 아들의 정신불열증 언제 낫나?

Page of Pentacles 정방향 Three of Wands 정방향 여사제 역방향

1. Page of Pentacles **정방향**

깊은 집중과 전념, 새로운 생각에 대한 욕망, 공상적 사회개량가, 한약 등을 의미한다.

2. Three of Wands **역방향**

'도움 받는 것을 조심하라'는 의미와 '사라져가는 역경'을 의미.

3. **여사제 역방향**

미숙한, 고집불통의, 짜증을 잘 낸다는 의미와 정신적, 육체적 순결을 유지하라는 의미가 있다.

4. **결론**

현재 질문자의 아들은 여러 가지 생각들에 깊게 빠져 있는 상황인데 이러한 정신적인 몰두와 관련해 더 깊이 들어가는 것은 조심해야 한다. 다만 장기적인 약물을 복용함으로써 현재 상황은 좀 더 개선될 수 있는 상황이다. 그러나 여사제 역방향은 완전한 치료는 불가능 할 수도 있다는 암시를 주고 있다.

61. [타로실전] 목돈을 어떻게 투자해야하나?

Page of Swords 역방향과 Six of Pentacles 역방향은 남성이 돈과 관련해 심한 낭비벽이 있음을 암시하고 있다.

Six of Pentacles 역방향은 '돈을 사용하지 않는 것을 의미하므로 은행 등에 저축을 하는 것이 목돈을 잘 사용할 수 있는 방법이다.

62. [타로실전] 30대 남성인데 금융업이 적성에 맞나?

The Emperess 역방향

Ten of Wands 정방향

The Moon 역방향

1. The Emperess 역방향

여황제 역방향은 '실패는 성공의 어머니'라는 암시가 있다. 즉 자신의 일과 관련해 한 번 쯤 좌절하는 경험을 할 수 있다는 의미이다. 여황제 카드는 금전적 풍요로움과 관련되니 현재 남성이 종사하고 있는 금융업과 연관지어 해석할 수 있고 이 직업과 관련해 좌절할 수 있음을 의미한다.

2. Ten of Wands **정방향**

현재는 상황을 제대로 파악하지 않고 무조건 성실하게만 자신의 일을 하고 있는 상황이라 약간 답답한 면이 있다.

3. The Moon **역방향**

달 역방향은 긴 안목으로 대비하고 준비하라는 의미이다.

4. **결론**

카드는 현재 직업은 자신의 적성에 맞지 않는 다는 것을 암시하고 긴 안목을 가지고 자신에게 맞는 직종을 찾아보는 것이 좋다는 것을 조언해 주고 있다.

63. [타로실전] 교통사고 후, 상대 피해차량이 합의금을 많이 요구하는데?

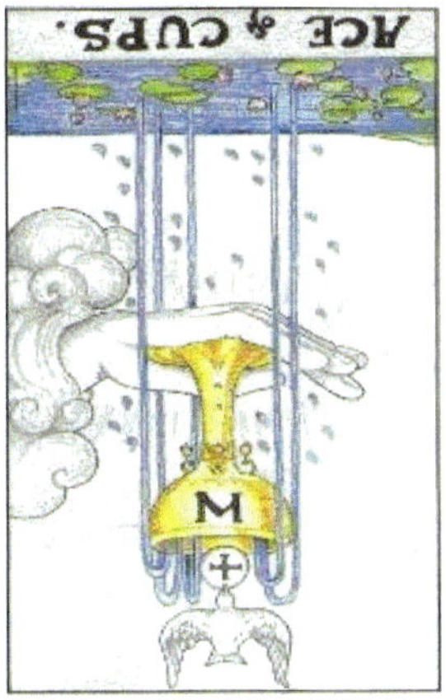

Ace of Cups 역방향

Knight of Cups 역방향

Ten of Cups 정방향

1. Ace of Cups 역방향

감성에너지가 고갈될 정도로 힘든 상황이다. 사기나 속임수가 있다.

2. Knight of Cups 역방향

현재 상대방은 속임수나 거짓된 사기극을 벌이고 있을 가능성이 있다.

3. Ten of Cups 정방향

결국에는 잘 합의가 되고 다소 평상시의 행복한 모습으로 복귀할 수 있다.

64. [타로실전] 타로마스터가 되고 싶은데?

The Death 역방향

The Fool 정방향

Six Swods 정방향

1. The Death **역방향**

재기한다. 희망이 있다.

2. The Fool **정방향**

컨설턴트나 도움을 주는 사람의 조언에 잘 귀를 기울일 필요가 있다. 즉, 타로강사나 타로전문가로부터 좋은 조언과 가르침을 받을 필요가 있다. 그러면 타로점 프리랜서로 열심히 일할 수 있다.

3. Seven Swods **정방향**

단 주의할 것은 상담을 하게 되면 자신이 가진 지성 7개 중에서 2개만 사용한다면 편안한 장소(막사)에서 일을 할 수 있다. 그러나 만약 7개의 지성 중 5개를 사용한다면 소득은 많지만 매우 힘이 들 수 있다.

4. **결론**

즉 타로카페 등 전문점에서 일을 하게 되면 소득을 나누게 되니 수입은 줄어들지만 몸이 편하고, 개인적으로 일을 하게 되면 소득은 늘어나게 되지만 그만큼 몸이 고되게 된다는 의미.

65. [타로실전] 대학 4학년인데 인생 전반운은?

Q1) 현재 사귀는 여친과의 애정운은?

The Devil 정방향: 지나친 애정행각

Nine of Wands 역방향: 체력약화, 외부 경쟁자들에게 압도당함

Knight of Wands 역방향: 말에서 떨어짐. 방훼.

Q2) 사귀는 여성과 결혼해도 되는가?

The Wheel of Fortune 정방향: 때가 좋으면 결혼.

Knight of Pentacles 정방향: 여자랑 마음이 맞음. 일심동체

Ace of Swords 역방향: 권위의식이나 지배력을 버려라. (여자친구가 남성의 그런 특성을 싫어함)

Q3) 직장운

Three of Wands 정방향: 무역업

The Fool 정방향: 프리랜서

The World 정방향: 해외업무

Q4) 외국박사운

Page of Pentacles 역방향: 발판을 잃음 (국내 박사를 할 것)

Q5) 한의사운

Six of Pentacles 역방향 : 천칭은 한의사의 한약저울, 동전은 한약. 역방향이므로 힘듦

Q6) 취업 Vs 대학원

Queen of Wands 역방향 : 취업 안 됨

Ten of Swords 역방향 : 일시적으로 관망해도 좋음

Q7) 모교 대학원 Vs 타학교 대학원

The Chariot: 자기 출신 학교로 가라. 현재의 곳을 선택하라
The Moon 역방향: 타대학원으로 갈 경우 근심, 걱정

Q8) 경영학과 VS. 해외관련과

Seven of Pentacles 역방향: 익지 않은 농산물 수확하기, 손실, 경영 미숙(경영과 가지 말라)
The Hermit 정방향: (탐구, 연구, 선견지명) 좋음

Q9) 생명공학과 Vs 해외관련과

The Justice 역방향: 생명공학과는 아직은 관망해 볼 것
The Temperance 정방향: 두 세력 간의 조화와 교류. 동업. 가능함

Q10) 아버지 바람기

Four of Cups 정방향 : 연애에 있어서 쓰라린 경험
Nine of Pentacles 역방향 : 사기, 가정재산 탕진, 가정풍파
공백 카드 : 마음을 비워라.

Q11) 아들로서 부모님의 화목을 위해서 할 수 있는 일은?

Ace of Cups 역방향: 거짓된 마음
Two of Pentacles 역방향: 가장된 즐거움

부모님 간에 서로 믿음이나 사랑이 없음. 이러한 상태를 참된 사랑과 참된 즐거움의 가정으로 바꾸는 게 이 남성의 몫.

66. [타로실전] 20대 여성인데 남친이 생길까?

Queen of Wands 정방향 Eight of Cups 정방향 Nine of Wands 정방향

1. Queen of Wands **정방향**

남자에 대해서 의심하거나 외면하는 무의식적 마음이 있음 (고양이는 사귀려는 남자에 대한 의심을 의미하고 여왕이 고양이를 안보는 것은 외면하는 마음을 의미)

2. Eight of Cups **정방향**

사랑의 컵을 8개까지 완성하고 포기하고 떠나는 것을 암시. 즉 중도 사랑노력의 포기를 암시

3. Nine of Wands **정방향**

주변사람들을 경계하거나 의심하게 됨. 또는 자신의 열정이나 의지를 의심하고 주변을 경계함을 암시.

4. **결론**

결론적으로 내년에 애정운이 좋지 않고 남자친구를 사귀어도 좋은 관계로 발전할 수 없음

67. [타로실전] 엄마의 건강운은?

Eight of Cups 정방향.
내담자가 뽑은 카드를 응시할 때 직관명상을 통해 커다란 두개의 산이 보였다. 두개의 산은 양쪽 가슴을 의미, 즉 유방암이나 폐에 이상이 있음을 뜻한다. 그래서 "어머님의 폐나 가슴에 이상이 있지 않느냐"고 물으니, 내담자는 "어머니가 수십년간 담배를 피우셔서 폐가 안 좋았다"고 말했고 최근에 화병과 더불어 건강이 더 악화된 상황이라고 말했다.

Q> 어머니 병이 낳으려면?
Page of Swords 정방향. 현재 정신적 스트레스가 매우 심한 상황이다. 마음을 편히 갖고 지내는 것이 우선적으로 요구되며 요양원 등 편하게 몸과 정신을 추스릴 수 있는 곳으로가 심신을 편하게 다스리는 것이 좋을 수 있다.

68. [타로실전] 이사는 어디로 가야 좋은지?

Queen of Pentacles 정 Queen of Swords 정 Nine of Pentacles 정방향

1. Queen of Pentacles **정방향**

카드는 여성이 '돈에 대해 현명한 처사를 하는 여성'임을 암시하고 있다. 즉 여성의 이사계획은 긍정적이다.

2. Queen of Swords **정방향**

합리적이고 논리적 사고가 필요함. 현재 자신의 보유 주택은 전세를 주고 자신은 다른 곳에서 전세로 살고 있는 상황인데 자신의 집을 팔고 현재 전세자금을 합쳐 좀 더 큰 집으로 이사 갈 지에 대해고민 중인 상태.

3. Nine of Pentacles **정방향**

이사 가는 집의 형태는 정원이 딸린 자연친화적인 주거지. 전반적으로 규모가 클 수 있어 현재 자신의 집은 매매하고 현 전세비용을 합쳐 이사 가야 되는 상황임을 암시하고 있다.

4. **결론**

세 카드가 모두 정방향이 나옴. 이사계획은 적절하며 자연친화적인 전원주택으로 이사 가는 것이 긍정적이라고 조언하고 있음.

69. [타로실전] 결혼하면 잘 살 수 있을지?

Ten of Wands **역방향**.

열정(지팡이)을 잃을 수는 있음. 다소간의 상실이 있을 수 있다는 암시. 하지만 지나치게 서두르지는 말 것

70. [타로실전] 오랜 불임, 임신이 가능한가?

King of Wands **정방향**.

카드는 '아버지다운'을 뜻함. 즉 여성의 남편이 '아버지'가 될 수 있음을 암시. 그리고 왕의 뒤에 그려진 도마뱀들은 이 왕의 정자들을 뜻함. 즉, 아기를 가지기 위해서는 관계를 미루다가 부인의 배란기 때까지 정액을 모아서 임신을 가능하게 하는 방법이 좋음.

71. [타로실전] 내게 맞는 사업은 무엇일까?

Three of Cups 정방향.
여성들이 많이 찾는 음료수를 주로 파는 커피숍이나 과일가게를 하는 것이 좋다는 암시.

72. [타로실전] 제조업 종사자인데 사업운은?

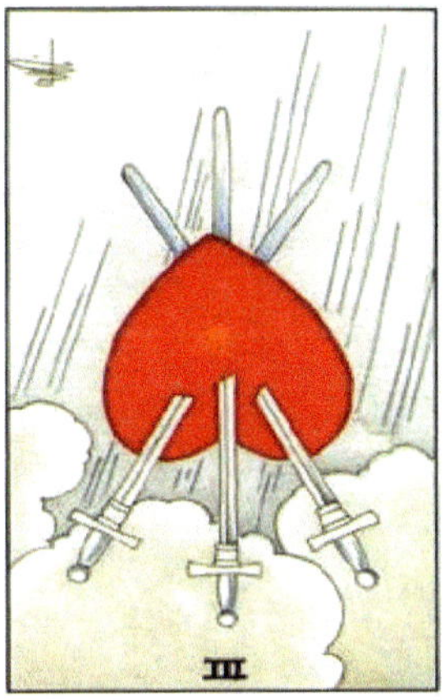

Three of Swords 역방향

The World 정방향

The Fool 정방향

1. Three of Swords 역방향

대인관계를 개선하라는 강한 조언. 현재 다수의 회사 직원을 정리해고 한 상황이라 직원들과의 관계가 좋지 않은 상태라고 함.

2. The World **정방향**

세계 정방향은 '해외무역 쪽으로 눈을 돌려라'는 뜻. 즉 해외사업을 해보라는 조언의 의미이다.

3. The Fool **정방향**

바보 정방향은 새로운 사업 영역을 개척할 때 컨설팅 자문역을 두고 사업을 추진하는 것이 좋다는 의미.

73. [타로실전] 현재 애인과의 카르마는?

Queen of Cups **정방향**.

전생을 통해 남성은 현재 애인인 여성을 매우 깊게 사랑했었고 그런 인연으로 다시 현생에서 만나게 됨.

74. [타로실전] 이혼하려고 하는데?

Ace of Wands 역방향

Six of Swords 정방향

Knight of Swords정방향

1. Ace of Wands **역방향**

잘못된 시작을 암시하고 지나친 열정은 좋지 않다는 권고의 의미.

2. Six of Swords **정방향**

남편의 주도하에 삶을 살아가는 것이 순리.

3. Knight of Swords **정방향.**

남편에 순종하라는 암시

4. **결론**

완즈 카드와 검카드가 많이 나온 것은 현재 열정과 지성에너지가 과잉상태임을 의미하며 마음을 차분히 가라 앉히고 다시금 남편과의 관계에 대해 생각해 볼 필요가 있다는 것을 의미한다. 카드는 현재 이혼을 하기 보다는 남편과 관계를 계속 이어나갈 것을 권하고 있다.

75. [타로실전] 모임에서 노부인이 바꿔 신고 간 엄마의 신발을 찾을 수 있을까?

Nine of Swords 역방향

The Sun 정방향

The Eight of Swords 역방향

현재 신발을 잃어버려 실의에 빠진 상태. 열심히 찾아나서도 잃어버린 신발을 찾을 수 없는 상황이다.

조언 카드를 한 장 더 뽑으니 Ace of Cups가 나왔다. 신발을 가져가신 것으로 추정되는 노부인에게 계속 가슴 에너지를 흘려보내라는 의미. 그러나 여성의 어머니가 노부인에게 신발과 관련된 얘기를 하자 노부인은 그런 일이 없다며 처음엔 시치미를 떼셨다고 한다.

그러나 간절히 얘기를 전하자, 노부인은 자신이 깜박한 것 같다며 사과하며 신발을 되돌려 주셨단다.

76. [타로실전] 40대 남성인데 재물운은?

Nine of Wands 역방향　Nine of Cups 정방향　The Death 역방향

1. Nine of Wands 역방향

장애물, 역경, 문제들 그리고 여러 가지 해결해야할 사항, 즉 넘어야할 산이다. 돈을 벌기 위해서는 넘어야할 장애물이 있다는 뜻이다. 중요한 것은 그러한 것들에 지거나 포기하지 마시고 임전무퇴의 정신으로 맞서야 한다는 점이다.

Nine of Wands 카드의 발을 보면 군청색이다. 이는 군인정신의 돌파력이 필요하다는 의미이다. 현재 맞닥뜨리고 있는 문제를 적극적인 임전무퇴의 정신으로 해결하려고 노력한다면 결국 장애와 역경은 극복될 수 있는 것이다.

2. Nine of Cups 정방향

마음의 평화와 물질적 이득을 포함하고 있다. 파란색 천위에 있는 9개의 컵은 마음의 평화 혹은 물질적 이득이 다소간의 힘들고 우울한 경험 후에 찾아오게 됨을 암시하고 있다. 결국 재물운을 개선하려면 다소 힘든 고생을 겪어야 함을 의미한다.

3. The Death 역방향

죽음 후에 기사회생은 좋은 일자리와 재물운이 기다리고 있음을 의미한다.

4. 결론

현재 질문자인 남성은 조선소에서 일을 하려고 생각 중이었는데 카드는 장애가 있음을 암시하고 있다. 즉 체력 문제 등 일을 하기 위해 필요한 조건을 미리 준비하는 것이 필요하다. 특히 Nine of Wands 역방향은 체력의 약화를 의미하니 군인들이 체력훈련을 하는 것처럼 열심히 트레이닝을 하는 것이 중요하다.

77. [타로실전] 20대 여성인데 실연의 상처는?

Page of Cups 정방향

The Emperor 정방향

Four of Swords 정방향

1. Page of Cups **정방향**

여성은 어제 남자 친구와 헤어지기 전 마지막으로 술을 함께 마셨다고 한다. 여성의 무의식은 술을 마신 이유가 자신의 깊은 사랑을 함께 나눌 진실하고 견실한 남성을 원했기 때문이라고 말하고 있다.

2. The Emperor **정방향**

현재 실연의 상처를 잊기 위해서는 나이가 많고 경험이 많은 사람의 조언을 듣는 것이 좋다는 의미이다. 또한 최근의 남자 친구가 자신보다 나이가 많은 사람임을 암시하고 있다. 현재로서는 아버지처럼 믿을 수 있는 사람의 조언이 필요하다고 카드는 말하고 있다.

3. Four of Swords 정방향

마지막에 나온 카드는 성당이나 종교사찰을 찾아 조용하고 간절한 마음으로 기도를 드리는 것이 자신의 현재 상처를 다스리는데 좋다는 의미이다. 또한 조용히 자신의 내면을 성찰하며 명상에 잠겨보는 것도 자신의 마음을 행복하게 하는데 도움이 될 수 있다.

한편으로는 현재 여성은 4개의 칼이라는 증오심을 갖고 있었는데 그 중 3개는 버렸다는 것을 의미하고 여전히 1개의 증오심은 지니고 있는 상태이다. 내면의 성찰을 통해 마지막을 남아있는 사랑의 상처라는 증오심을 버릴 것을 카드는 권하고 있다.

4. 결론

여성은 자신보다 10살 정도 많은 남성과 깊이 오랫동안 사귀다가 일방적으로 헤어지자는 선고를 받았기 때문에 현재 마음의 상처가 매우 크다.

Four of Swords 정방향에는 성당의 모자이크에 나이든 성인과 어린 소녀라는 그림이 그려져 있는데 두 사람의 나이차를 의미하고 있다. 그러나 두 사람의 관계가 즐거워 보이므로 두 사람이 사귀는 동안은 좋은 관계를 유지했음을 암시하고 있다.

현재 여성은 자신이 일방적으로 남성에게 순결을 빼앗겼다는 생각을 지니고 있는데 카드의 암시는 두 사람의 동의하에 이뤄진 성관계이므로 상대방을 비난해서는 안된다는 것을 암시하고 있다.

78. [실전 타로] 신혼집을 구하려고 하는데?

Four of Swords 정방향

The Moon 역방향

Two of Wands 정방향

1. Four of Swords **정방향**

조용하고 차분하게 자신이 살 집에 대해 생각해 보는 것이 좋다. 수도원처럼 조용한 장소를 선택하는 것이 좋다는 암시.

2. The Moon **역방향**

시간이 해결해 줄테니 근심하지는 말아라. 상황이 좋아질 것이다.

3. Two of Wands **정방향**

남편의 생각대로 집을 구하라.

3번 카드와 관련해 여성이 재차 질문한 내용은,

정말 남편 뜻대로 사면 괜찮을지? (현재 여성과 남편은 다른 의견을 보이고 있음. 여성은 비싼 집을 대부해서라도 살 것을 남편은

지금 형편으로 집을 맞추어 살 것을 희망함)

Three of Cups 정방향

남편의 뜻을 따르면 괜찮을 것이다.

4. 결론

남편의 희망대로 가지고 있는 재정에 맞추어 집을 구하되 아늑한 집을 구하도록 하라. 또한 시간을 갖고 정도 지켜보면서 아늑하고 편안한 집을 구하는 것이 좋다.

79. [실전 타로] 빌려준 돈, 받을 수 있을까?

Six of Swords 정

Five of Swords 역

공백 카드

1. Six of Swords **정방향**

남성에 의해 이끌려 가는 삶(현재 여성은 남지 친구로부터 생활비를 받으며 지내고 있었다고 한다)

2. Five of Swords **역방향**

두 명(질문자 여성과 그 남자친구)를 배반하고 떠나는 남자(여성으로부터 돈을 빌려간 남자)가 나왔다.

3. **공백 카드**

마음을 비워라.

4, **결론**

이 여성은 현재 다른 남성에게 빌려준 돈을 받지 못할 확률이 크므로 결국 마음을 비우는 것이 좋다고 카드는 권하고 있다.

Five of Swords 카드는 정방향과 역방향 모두 패배와 배신을 의미하지만 정방향은 패배와 배신이 확실한 상태이고, 역방향의 경우는 가능성이 높다는 의미이다.

80. [실전 타로] 20대 남성인데 가정운은?

Knight of Cups 정

Ace of Wands 정

Page of Pentacles 정

1. Knight of Cups **정방향**

부모님은 사랑이 충만하고,

2. Ace of Wands **정방향**

열정으로 자녀를 양육하는 분들

3. Page of Pentacles **정방향**

자녀도 향후 보모에 화답할 수 있는 방안을 마련하고 있다.

가정에 대한 구체적 조언카드

Queen of Cups 정

Ace of Pentacles 정

Queen of Wands 역

1. Queen of Cups **정방향**

어머니가 복막염수술을 함. 의자 뒤에 붉은색 => 피를 상징[33]

2. Ace of Pentacles **정방향**

물질적인 풍요에 대해서도 소중하게 생각하라.

3. Queen of Wands **역방향**

---

33) 라이더 웨이트 카드에서는 보다 분명하게 피색으로 붉은 색이 두러지게 나타나 있음.

남성의 모친은 평소 형제들간의 우애를 소중히 할 것을 재차 강조했다고 함. Queen of Wands 정방향은 여왕 뒤에 여우와 두루미가 서로 다투는 형국이지만 역방향은 형제들의 우애가 좋음을 암시한다.

4. 결론

남성의 가정은 부모 중에서 어머니의 역할과 위치가 크게 자리하고 있으며 가족의 화목과 평안 그리고 건강이 재정적인 면에서도 그 역할이 크다고 할 수 있다.

81. [타로실전] 40대 대기업 직원인데 직장운은?

Q1. 현재 본사에서 지사로 이동해야 하는 상황인가?

Two of Swords 정방향.

현재 본사와 이동하는 지사 간에 팽팽한 긴장감이 있음. 현재 어디로 이동하게 될 지 예상할 수 없는 상황이지만, 그냥 앉아만 있다가는 더욱 잘못될 수 있기에 일어나서 주변과 정황을 자세히 직시 할 수 있어야 함을 암시.

현재 이 남성이 다니고 있는 직장의 분위기는 달이 떠있으므로 그렇게 밝고 활기차지가 못함. 그러므로 그냥 좌시하다가는 지사로 내몰릴 수 있음. 또한 지사로 이동하면 별루 좋을 게 없다는 암시가 있기도 함.

Q2) 지금처럼 인사발령을 기다리기만 하면 어떤 결과?

Page of Wands 역방향.

결국, 지금 있는 본사에서부터(지팡이에 지닌 애정은 현재 몸담았던 부서에 대한 애정을 의미함) 밀려서 다른 지사로 이동할 수 있음을 경고함.

Q3) 본사에서 지사로 이동하면 얼마나 안 좋은가?

The Hanged Man 역방향.

고생은 하나 노력한 만큼 알아주거나 대가를 받지 못하게 됨.

Q4) 그러면 어디서 일해야 하나?

The World 역방향.

해외업무와 관련된 부서에서 일하지 말고 국내업무와 관련된 부서에서 일하라. 현재 40대 남성은 해외업무와 관련된 부서에서 있으나 분위가 어두워 다른 부서로 옮기고 싶어 했음. 국내업무 담당 부서는 부서 분위기도 밝고 활발하다고 말함.

Q5) 그러면 큰 부서로 옮기려면 어떻게 해야하나?

The Star 정방향.

별처녀는 순수하고 깨끗함을 상징. 즉 뇌물이나 비리에 연루되지 않고 성실하게 일하면서 약간은 상사에게 아부(뒤에 있는 노래하는 새)도 하고 성실하게 (물병으로 강에다가도 그리고 꽃밭에다가도 물을 주고 있음) 열심히 일하고, 또한 창의적 아이디어를 위해서 7명(작은 별 7개)정도의 직장 후배들을 잘 포섭하고 사귀어서, 그들로부터 친분을 얻어 참신한 아이디어들(작은 별)를 모아 하나의 큰 발상(큰 별)을 얻는 것이 좋다.

82. [타로실전] 사회복지사인데, 상담 시 보호자분과 갈등이 있는데?

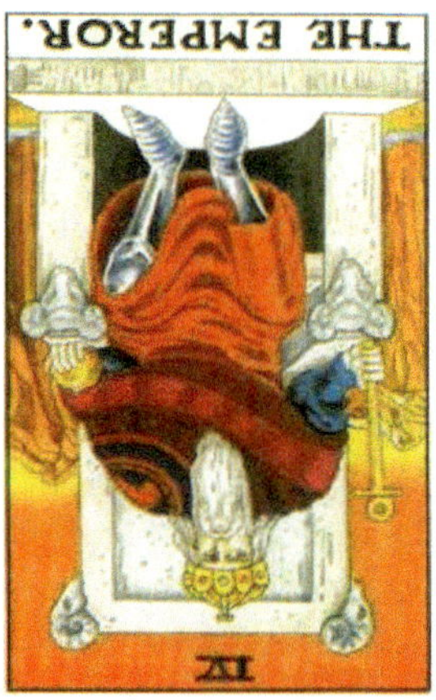

The Emperor 역방향

Queen of Cups 정방향

Three of Swords 역방향

1. The Emperor **역방향**

자신의 고집과 권위적인 자세를 버려라.

2. Queen of Cups **정방향**

상냥하고 헌신적인 애정을 갖고 사람들을 대하고 있음을 나타낸다.

3. Three of Swords **역방향**

현재로서는 대인관계 개선이 필요한데 논리적으로 상대방을 압도하기 보다는 상대방에게 상처를 주지 않는 방법으로 설득력있고 합리적인 대화능력을 기르는 것이 요구된다.

WHEEL of FORTUNE.

타로카드 고급편

"우리가 경험할 수 있는 최상의 아름다움은 신비로움이다.
신비로움은 모든 진실된 기예와 모든 과학의 근원이다.
감성이 더 이상 경이로움으로 황홀해 할 수 없는 사람은
이미 죽은 사람이나 다름없다. 즉, 그의 눈은 닫혀있는 것이다."

- 알버트 아인슈타인 -

83. [타로고급] 타로와 점성술

점성술을 특화한 타로카드에는 국내에 알려진 썬오라클(Oracle of the radiant sun) 타로카드가 있다. 썬오라클 카드는 황도(Zodiac)와 행성, 그리고 별자리를 기준으로 점성술 카드를 만들었다. 알아두면 유용한 점성술 개념을 소개하면 다음과 같다.

12궁(宮), 행성, 별자리(星座)와 관련된 성질

궁(宮)		행성		별자리	
1	개성,자기표현	화성	행동 욕구	양자리	주도권, 충동
2	감각세계,재산	금성	소유 욕구	황소자리	아름다움, 습득
3	정신력,의사소통	수성	지식 욕구	쌍동이자리	다양,호기심
4	가정,가족,보호	달	수용력	게자리	감정, 친밀성
5	창의력,사랑,정열	태양	생명력, 성공 욕구	사자자리	관용, 지도력
6	일,효율성,건강	수성	완벽 욕구	처녀자리	분별,분석,봉사
7	관계,협력	금성	상호작용욕구	천칭자리	조화,중재,절충
8	감각공유,자기인식	화성 /명왕성	권력 욕구	전갈자리	정열, 자제력
9	지식,신념,윤리	목성	성장,확장 욕구	궁수자리	낙천주의/확장
10	사회적 성취	토성	통제 및 적용	염소자리	실용/신중/야망
11	친구,공동체	토성 /천왕성	재현 욕구	물병자리	독창성/인류애
12	영적/신비주의적	목성 /해왕성	영적 성장	물고기자리	동정/감수성/상상

썬오라클 카드 해석사례를 보면 태양/전갈자리/제3궁을 타고난 사람의 경우, 천궁도에서 다음과 같은 핵심어를 찾는다고 한다.

태양(성공욕구) + 전갈자리(정열/자제력) + 제 3궁(정신력/의사소통)

이를 해석하면, 이 사람은 매우 강한 능력과 자제력을 갖고 있어서, 글이나 다른 의사소통 방식을 통해 권위를 얻을 수 있다. 이 사람은 작가이거나 언변이 뛰어난 사람일 것이다. 사람이 아니라 사태에 관한 것이라면 다음과 같이 해석할 수 있는데, 즉 의사소통 능력을 강화하기 위해 창의적인 주제를 집중적으로 연구해야하며, 언어학습이나 IT 기술을 익히는데에 전력을 다해야하는 상황일 것이다.

썬오라클 타로카드는 점성술을 기반으로 타로를 창안하였으므로 점성술에 대한 해박한 지식이 없으면 해석이 어렵다. 하지만, 타로를 공부한 사람이라면 어느 정도는 점성술 지식을 확보하고 있는 것이 예리한 통찰력을 키우는데 도움이 될 수 있다.

84. [타로고급] 타로와 카발라

카발라(Kabbalah/Qabalah)는 유대신비주의 가르침으로서 유대인들의 전통수행법이자 신비주의 우주철학의 일종이다. 유대인들은 우주를 하나의 거대한 구도(Schema:스키마)로 상정하고 그 우주구조가 하나의 인간구조와 동일하다고 보았다. 그러한 우주적 인간구도를 이름하여 아담 카드몬이라고 말한다.

《우주적 그리스도 신비주의》라는 책의 첫 페이지에 "우주 구조는 그리스도(Christ)의 몸과 하나라는 것"을 먼저 소개하고 있는데 유대 신비주의 가르침과 기독교 신비주의 가르침은 유사성이 많다. 우리 인간의 내면은 신(God)을 깨달아 알고 의지하면 누구에게나 그리스도라는 우주적 존재가 거하게 된다. 이는 인도의 쿤달리니 요가에서 7개의 차크라를 상정하여 하나의 우주적 구조를 모사(模寫)해 내는 것과 맥락을 같이 한다.

카발라는 불교의 위빠사나명상법처럼 하나의 명상수행체계이다. 카발라 명상은 10개의 세피라(Shepira)로 구성된 생명의 나무를 명상함으로써 구도자의 내면에 밝은 빛의 10대 에너지를 생성내지 창조해 내는 것이다. 그 10가지 에너지는 청정한 에너지로서 빛의 에너지로 10개의 태양계 별들의 기운과 연결된다. 구도자가 카발라의 생명의 나무를 명상하고 실천 수행함으로써 지구 자장권의 힘을 박차고 우주적으로 확장해 나가는 것이 바로 카발라 수행의 묘법(妙法)이라고 할 수 있다. 이슬람교의 수행자들이 창시한 수피즘에서 거론하는 무하사바(Muhasava) 수행법이나 불가(佛家)의 위빠사나(Vippassana) 수행법이나 카발라의 생명의 나무(The Tree of Life) 명상법이나 모두 초지성적인, 즉 신성한 의식을 얻고자 하는데 초점을 두고 있다. 한마디로 빛이다. 빛의 에너지를 얻는 것이 수행의 요체인 것이다.

에텔계, 아스트랄계, 멘탈계 그리고 코잘계라는 4개의 영적인 계(界)를 완전히 통합하여 하나의 공(空)을 이루면 우주와 자신이 하나가 되는 경지에 이르게 되고 이러한 깨달음이 바로 타로 22번 카드에 표현되고 있다. 타로카드는 이러한 대통합의 경지에 이르기 위한 과정을 총체적으로 묘사하고 있는 영적 가르침의 도구이다. 이런 타로 카드의 깊은 의미를 중심에 두고 해석을 하게 되면 상담자와 내담자 모두에게 타로 카드가 새로운 의미로 다가올 수 있다.

85. [타로고급] 타로와 히브리어 그리고 만트라

유대인들의 모국어인 히브리어나 인도인들의 언어인 샨스크리트어에는 '신성한 힘'이 들어 있다고 전해진다. 그래서 만트라(Mantra)라고 하는 진언(眞言)을 통해서 글자들을 발음하면 성스러운 신령한 기운이 진언자의 몸에 감돈다고 말한다. 실제로 영병을 치유하거나 스트레스를 치유하고자 할 때 샨스크리트어로 된 만트라를 외우거나 히브리어 글자들을 정성껏 발음하면 그것으로 온몸과 영혼이 경건해지고 맑아진다고 한다. 이것은 히브리어나 샨스크리트어 글자들이 별들의 기운과 연결되어 있기 때문이라고 한다.

타로에서도 히브리오 글자를 쓰는 경우가 있는데 이렇게 되면 타로 카드의 22글자는 매우 강력한 힘을 지니게 된다고 한다. 타로와 생명의 나무를 연결시켜서 설명된 서적으로는 《The Kabbalah Experience》 가 있다. 이 책은 Naomi Ozaniec이 지었는데 10개의 세피라와 22개의 경로(Path)에 대해서 자세하게 다루고 있다.

카발라의 생명의 나무 22 경로는 바로 히브리어 22 글자에 상응한다. 생명의 나무가 인간의 몸을 표상한다면 인간의 몸을 구성하는 나디(경락)들이 모두 히브리어 글자의 힘에 해당한다. 즉, 히브리어 22 글자가 성스러운 글자인 것처럼 인체의 22개 경락도 모두 신성함이 깃들어 있다고 할 수 있다. 타로카드는 자신의 신체의 나디(Nadi:경락)를 정화하는 수행도구로서도 제격이며 영성을 발전시키는 수행 체계의 하나이기도 한다.

자신의 영혼이 완전히 10개의 세피라와 22개의 경로를 모두 마스터링할 때 생명의 나무에서 케테르(Kether)라고 하는 신성(The Godhead)으로부터 쏟아져내려오는 빛으로 채워지게 된다. 이 상태가 깊어지면 삼매(Samadhi)에 도달하게 된다. 타로 카드의 묘법(妙法)은 인체를 구성하는 우주적 도식, 즉 10개의 세피라와 22개의 경로에 청정한 에너지를 모두 순환시켜 인체를 황금의 빛, 즉 고대로부터 전승되어온 엘릭서(Elixir) 또는 현자의 돌(Philosopher's Stone)을 만들어 내는 데 있다.

우주의 역사와 섭리가 모두 타로 78장에 들어 있기 때문에 타로 자체를 이해하는 것은 인간의 정신을 우주정신으로 확장시키는데 큰 도움이 된다. 연금술 서적에도 인간의 몸에 존재하는 유황(Sulphur), 수은(Quicksilver 또는 Mercury), 소금(Salt)라는 물질을 많이 거론하는데, 이러한 물질들을 내면에서 화합하거나 합성하여 '현자의 돌'이라는 황금빛의 에너지를 얻는 것을 목표로 한다고 말한다.

그런데 그냥 단순히 황금빛이 내면에서 얻어지는 것이 아니라 12황도와 10행성 그리고 12별자리의 점성술과 깊은 연관이 있다. 자기가 태어난 별자리와 현재 천체의 운행에 따라 자신의 인체에 존재하는 물질들이 어떻게 화학작용을 하고 합성을 이루는지가 서로 연관되어 있다는 것이다. 타로(Tarot)나 연금술, 점성술 그리고 카발라 철학은 모두 연관되어 있다. 왜냐하면 하나의 도맥(道脈)에 연원을 두고 있기 때문이다.

86. [타로고급] 타로와 오컬트 신비주의

타로 카드의 신비성은 숫자들이 의미를 갖는다는 것과 그리고 히브리어 글자 하나하나가 생명의 나무의 경로(Path)에 배속되어 있다는 것이다. 생명의 나무에는 22개의 경로라는 길이 있다. 이 22

개의 길을 따라 인간은 내적 여행을 한다. 22개의 길은 영원성을 지향한다. 즉, 22개의 길을 걷는 구도자들은 항상 새로운 것과 배움을 추구하며 끊임없는 자기반성과 성찰 속에서 살아가게 되는 것이다.

오컬트란 "신비로운, 불가사의의; 비밀의; 오묘한, 심오한, 초자연적인, 마술적인; 육안으로 안 보이는."의 의미를 담고 있다. 실체로서의 존재 또한 오컬트적이다. 존재를 추구하고 탐색기 위해서는 내면을 정화해야 한다. 내면의 정화가 없이는 완벽한 존재로 변형될 수 없는 것이다. 이것이 바로 오컬트에서 말하는 연금술(Alchemy)이다.

연금술은 외면세계에서의 작업을 통해서 내면을 변형시키는 수행을 하고자 한 것이라 볼 수 있다. 연금술은 여러 가지 금속들을 녹여서 황금으로 만드는 작업이다. 황금은 바로 인간 내면의 감로(앰브로지아:Ambrosia)라고 할 수 있다. 내면이 완전히 정화되어 황금빛으로 물들을 때 내면의 정화는 완전해 지는 것이며 이것이 바로 연금술의 완성이다. 존재의 추구는 이러한 황금빛 육체를 얻을 때 이루어지게 된다.

우주는 끊임없는 순환과 변전의 역사를 통해서 발전해 왔고, 오컬트에서도 바퀴(Wheel)의 개념으로 우주를 묘사한다. 또한 우주는 변화의 역사를 가지고 있다. 동양의 역학(易學)에서도 변화를 강조하듯이 우주는 변화한다. 하지만, 우주의 황금빛은 영원성을 지니며 변화 가운데 변화를 하지 않는 순수한 존재이다. 즉, 우주의 바퀴라고 할 수 있는 윤회의 사슬로부터 완전히 벗어나게 하는 것이 오컬트의 연금술이다. 바퀴라는 상징모델은 우주를 자연스럽게 묘사한다. 물론 몸이 황금으로 변화되어 우주적으로 영원 불사한다고 해도 수많은 시간(수백억 겁(Kalpa)이 지나면 소멸하게 된다고 한다.

타로(Tarot)에서 0번 카드는 바보이다. 바보는 어떤 것도 모르는 순진무구한 존재이다. 처음 영적인 길을 걷는 영적 입문자들은 바보와 같이 순진한 상태이다. 하지만 세상을 살아가고 나름대로 노력을 하면서 궁극적으로 10 개의 세피라, 즉 세피로스의 모든 신성한 의식(Consciousness)을 증득하게 된다. 인내와 노력이 없이는 자신의 의식을 신성하게 만들 수 없다. 벤자민 플랑클린이 말한대로 "하늘은 스스로 돕는 자를 돕는다"고 할 수 있다. 영적 추구자는 끊임없는 배움을 향하여, 새로운 신의 의식(에너지)를 내면화하기 위하여 정진해 나가야만 하는 것이다.

생명의 나무는 인체의 구조와 우주의 구조를 모형화한 체계로서 이에 대해 명상하고 사색하는 것만으로도 영적 추구자의 의식을 변형시켜 준다고 할 수 있다. 생명의 나무 구조를 이루는 10개의 세피라(Sephira)를 열거하면 다음과 같다.

1. 케테르 KETER 왕관
2. 비나 BINAH 이해
3. 호크마 HOKHMAH 지혜
4. 게브라 GEVURAH 정의
5. 헤세드 HESED 자비
6. 티페레트 TIFERET 본질, 미
7. 호드 HOD 영광(광명)
8. 네자 NEZAH 승리
9. 예소드 YESOD 기본
10. 말쿠트 MALKHUT 왕국

영적 추구자는 타로의 메이저 아르카나에서 바보로 시작했지만,

즉 내면에는 어떠한 생명의 나무도 창조되지 않고 있었지만 서서히 삶을 살아가면서 갖은 고통과 희로애락을 경험하면서 나머지 20 개의 메이저 아르카나 타로카드가 나타내는 것처럼 20 가지 과정을 경험하여 10 개의 세피로스(Sephiroth)로 구성된 생명의 나무를 완성하게 되는 것이다. 20 가지 과정을 거쳐서 생명의 나무는 서서히 자라나게 된다. 물론, 신의 우주의식은 더 다양한 형태와 특성을 지니지만, 카발라에서는 10 가지로 대표해서 표현하고 있다. 완전한 인격체는 이 10 가지 세피라 에너지를 자유자재로 사용할 수 있다. 영적 추구자에게는 타로의 메이저 아르카나 20 가지 과정을 거치는 동안 수많은 미덕과 수많은 능력 그리고 다양한 선과 악의 에너지를 경험하게 되고 궁극적으로 10개의 신성한 의식으로 구성된 생명의 나무를 내면세계에 완성시키게 된다.

87. [타로고급] 타로와 연금술

서양의 연금술의 핵심은 '깨달음'에 있다. 왼쪽 그림은 '현자의 돌을 만드는 제1질료'를 그린 연금술 도상(圖像)이다. '현자의 돌' 은 동양의 깨달음을 얻은 후에 얻어지는 금빛의 핵(核:Kernel)과 유사하다.

여동빈 신선의 〈태을금화종지〉에는 깨달음을 얻어 세상에 대한 집착으로부터 벗어나면 신선(神仙)의 과위(果位)를 얻는다고 한다. 부처도 아라한을 얻으면 윤회(Samsara:샴사라)를 벗어날 수 있다고 했는데 이것은 연금술이 그토록 오랫동안

정련하려고 했던 '금빛 에너지'와 동일한 것이다.

연금술은 가장 원초적인 원질(原質)로 간주되는 살(피부:흙:땅)의 유혹에서 벗어날 때 가능 한다. 우리가 여색을 볼 때 대부분은 살을 먼저 보게 된다. 여색의 살에 미혹되어 여색에 헤어나지 못하는 경우가 많다. 물론 사람마다 지수화풍의 배합이 다르기 때문에 다분히 개인적 신체요소배합에 따라 다를 수 있다. 하지만 근원은 바로 땅의 에너지를 하늘의 에너지인 제5의 원소로 바꾸는 것이다. 이 제5의 원소를 현자의 돌, 즉 금광석(金光石)이라고 한다. 티베트 밀교에서는 Vajra라고 한다. 이 금강석이라는 현자의 돌을 몸에 얻으면 금강삼매에 들게 된다.

연금술의 기호학이라는 의미는 내면에 육체의 지수화풍 사대를 녹이고 정화하고 정련하여 황금을 만드는 기술인 연금술이 표현하는 상징시스템을 말한다. 상징체계에 연금술의 비의적 가르침이 새겨진다.

바슐라르라고하는 꿈이라는 것도 결국 지수화풍 사대의 조화 작용이라고 말한다. 왜냐하면 꿈의 상징성 자체가 바로 지수화풍의 조화와 연결되기 때문이다. 연금술의 힘은 바로 상징적 의미 속에 대립/대결/대칭이 양립될 수 있다는 것이다.

이지훈님의 저서 〈예술과 연금술〉에서 보면 '아리스토텔레스'는 4원질보다 더 근원적인 제1의 원질이 있다고 했다. 연금술적으로 해석하면 이 근원물질은 흔히 악마로 알려져 있는 루시퍼와 아담의 전락에서 온 '혼돈' 또는 '어두운 대지의 흙덩이'에서 만들어진 것이

라 한다. 그리고 이 흙덩이에 잠재된 성질을 승화하고 고양하여 마침내 현자의 돌에 이르려 했다고 한다. 아리스토텔레스는 근원물질이 네 가지 성질을 받아들임으로써 네 원소를 이룬다고 했으며, 근원물질은 건조함, 차가움, 축축함, 뜨거움이라는 성질들 가운데 한 쌍을 받아들임으로써 흙, 물, 공기, 불이라는 원소를 이룬다고 해석했다.

흙덩이의 성질을 차곡차곡 바꾸어 마침내 '순수한 물질'에 이를 수 있다고 말한다. 즉, 여색의 유혹에 해당하는 살(피부:대지의 여신을 상징)의 원질인 흙을 승화시켜 빛으로 만드는데 있다. 결국 이는 고대의 현자들은 원소가 순환을 거듭하면 지상에서 이 제5원소라고 하는 천상의 물질을 만날 수 있다고 믿었다.

창조적인 작업은 결국 과거로의 되돌림이다. 신비주의적 그노시즘을 신앙했던 세익스피어 또한 '가장 옛것이 가장 새것이고 가장 새것이 가장 옛것'이라는 연금술적 비의(秘儀)적 가르침을 언급했었다. 또한 연금술은 대립의 일치가 자연의 모든 영역에 스며들어 있다고 했는데 대표적인 예로 남성원리(아니무스:animus)와 여성원리(anima)를 들 수 있다. 같은 재료라 해도 그것이 운동하는 방식에 따라 남성이 될 수도 여성이 될 수도 있는 셈이다. 즉 중요한 것은 '질료가 아니라 질료의 운동양상이며 이것이 곧 형상'인 것이다.

88. [타로고급] 타로 트럼프(생명의 나무)

SOROR I. D. D.의 〈타로 트럼프〉라는 매우 난해한 글을 접하고 그 중 핵심 부분을 본 책 마지막 장에 소개하고자 한다. '세피로스'를 구성하는 10개의 '세피라'는 인체의 경혈에 해당한다고 할 수 있고, 이러한 경혈을 이어주는 경맥이 세피라 들을 이어주는 경로(Path)다. 이것은 인체 구조에만 적용되는 것이 아니라 우주의 구조에도 적용된다. 우주는 수많은 별들로 구성되는데 이러한 별들 그리고 별들의 모임은 서로 빛을 반사해 가면서 에너지를 교류하고 있다. 세피라 간에 이어지는 경로는 그들 간의 변화하는 에너지이다. 그리고 10개의 세피라로 구성된 세피로스들은 생명의 나무를 구성하며, 이 생명의 나무는 거꾸로 되어 있다. 즉, 뿌리가 맨 위인 케테르(Kether)에 자리하고 있고 줄기와 가지가 말쿠스(Malkuth)를 향하고 있다. 마치, 인체의 두뇌에서 신경이 몸 전체로 흐르고 있는 것과 같다. 두뇌가 케테르 세피라가 되고 회음부가 말쿠스가 된다고 할 수 있다.

본 타로 트럼프 문서는 생명의 나무에서 각 세피라들 간의 경로(Path)들에 수비학(Numerology)을 적용하였고, 타로(Tarot)의 22 메이저 아르카나를 적용하였으며, 연금술(Alchemy)의 이론, 카발라(Kabbalah)의 이론 및 점성술(Astrology) 그리고 신화와 상징체계를 종합적으로 다루고 있다.

"In 32 mysterious paths of wisdom did Jah, the Jehova of Hosts, the Living Elohim engrave his Name by the three Sepharim: Numbers, Letters, and Sounds." -Sepher Yetzirah 1:1

"32개의 신비로운 길(경로)들에 jah, 즉 주인들의 Jehova가 있다. 살아있는 엘로힘은 자신의 이름을 세 개의 세파림, 즉 숫자, 문자, 소리로 새겨놓았다." - *Sepher Yetzirah 1:1*

어떤 의미에서 세피로스(Sephiroth)는 신성한 에너지가 소우주를 향하여 하강 할 때의 '길 정거장'이다. 이 에너지가 생명의 나무를 통해서 흐를 때, 에너지는 내면의 본질을 영속시킬지라도 변화하고 진화한다. 그리고 이러한 진화적 과정은 느리지도 않고 균일하지도 않다.

순수성으로부터 육체적 현현으로 이어지는 이 길에서, 에너지는 어떤 수준의 궁극적 지점 또는 질료(Quaility)에 도달할 때까지 변화하며 그 후로도 다양한 방향으로 계속 흐르게 된다. 세피로스는 신성의 에너지를 담고 있는 매개체이다. 그리고 그 길(경로)은 매개체들 간의 변화하는 에너지이다.

타로(Tarot)의 상위 비밀은 그들이 인간의 삶 속에서 계속 변화하는 패턴들을 표현하기 때문에 이러한 해결 과정 속에서 완전한 매개체로 자리하게 된다. 각 카드에는 숫자, 히브리 문자, 그리고 아스트랄 사인 및 엘리먼트와 행성 에너지가 색채와 음악의 음표를 속성으로 갖고 있다. 이러한 결합된 개념들은 세피로스 간의 에너지 전송을 이해하는데 좋은 출발점을 제공한다.

KEY 0번: 바보(THE FOOL) - 조디악(황도대)상의 풍(Air, 공기)를 통해서 움직이는 첫 번째 모빌

0은 현현하지 않은 신성과 관련된다. 현현하지 않은 신성은 고동치며 진동하지만 분화되지 않은 생명력의 무한한 원(circle)이며 시작도 끝도 없다. 이는 영원 속에서의 무한한 공간과 한없는 시간을 상징한다.

바보 카드는 상념의 선구자, 즉 절대 초의식(Superconsciousness)으로 현현하기 이전의 알려지지 않은 표현을 묘사한다.

KEY 1번: 마법사(THE MAGICIAN) - 토성과 동시에 현자의 수성을 통해 움직이는 첫 번째 모빌, 물질 생산의 시작, 이해의 왕관

숫자 1은 모든 숫자들의 근저에 자리하고 있는 단일성(unity)의 원리를 표현하며 이것은 현현하지 않는 것의 최초의 현현이다. 이것은 조각으로 깨어질 때 다수성을 가져다주는 활동적인 원리이다. 다수성에 의해서, 이것은 모든 다른 것들을 창조한다. 하지만 무한으로 자체에 의해 증식되어도, 그것은 항상 그 단일성을 유지한다. 숫자 1은 하나의 신, 인류의 전체성내지 통일성 그리고 자아의 힘, 자신감, 위엄, 그리고 통치력과 동일하다. 숫자 1은 마법사의 지팡이, 즉 의지를 사용해서 창조하고 성취하기위한 마법사의 손에 위치한 힘을 의미한다.

숫자 1의 행성은 수성(Mercury)이며 수성은 적응성을 상징한다. 이집트의 신 헤르메스는 그리스어로 수성에 해당한다. 헤르메스는 천문학, 점성술, 수학, 기하학, 의학, 음악, 그리고 마법을 포함하여 과학에 관한 42 권의 저서를 작성하였다고 이야기 된다. 또한 이 위대한 마법사의 케듀세우스(caduceus:지팡이)는 치유의 기술을 상징하는 것으로 오늘날까지 전해오고 있다. 수성은 신들 간의 의사소통을 효율화시켰고 그들의 메시지를 사람들에게 가져다주었다. 즉, 마법사는 근원 자체가 아니라 채널 또는 메시지 전달자이다. 타로 키 1에서, 마법사는 힘을 이용하는 창조적 측면에서 지력을 표현하는 인물이며 신성과 합일에 있는 인간의 의지를 표현한다. 또한 의식적인 깨달음을 통해서 원하는 것을 현현시키는 지식과 능력을 성취한다.

KEY 2번: 고위 여사제(THE HIGH PRIESTESS) - 태양과 동시에 달을 통해서 움직이는 첫 번째 모빌, 미의 왕관, 통치권과 미의 시작

숫자 2는 이중성의 상징이며 어머니 원리이다. 숫자 1의 아버지 원리와 구별되는 것으로 숫자 2는 이제 그것의 긍정적인 요소와 부정적인 요소로 분리된다. 숫자 2는 한 쌍의 대극(상대성)을 나타낸다. 즉 낮과 밤, 남성과 여성, 투사와 수용으로 말이다. 고위여사제의 무의식은 마법사의 의식을 반영하며 창조력을 받아들이고 새로운 형태를 창조하는 사람이다.

그녀는 종종 이시스(Isis), 아르테미스(Artemis) 또는 다이아나

(Diana)라고 불리는 영원한 여성인 달의 딸이다. 그녀는 고대 세계의 모든 처녀 여신들에 상응한다. 또한 심지어 아담과 교합하기 이전의 이브를 나타낸다. 그녀는 영적인 깨달음과 내면의 빛이다. 바보와 마법사는 단지 잠재성(Potentiality)을 표현하며 창조하고자 하는 의지를 표현하는 반면에, 고위 여사제는 현현하고자 하는 잠재된 힘을 갖는다. 그 이유는 그녀가 보이는 세계와 보이지 않는 세계 사이의 연결자이기 때문이다.

KEY 3번: 여왕(THE EMPRESS) - 토성과 동시에 금성을 통해 움직이는 황도대, 이해의 지혜, 기원과 생산의 힘들의 합일.

숫자 3은 3명의 모인 숫자이다. 즉, 아버지, 어머니, 아들이 모인 것이다. 또한 숫자 3은 인류에 퍼져있는 신성의 자기력인 모든 현현된 만물의 균형을 상징한다. 숫자 3은 숫자 1과 숫자 2의 상호작용의 효과이다. 그리고 이들의 합일의 결과로 아들, 즉 물질적 우주를 얻게 된다. 숫자 3은 이러한 두 가지 주요 숫자들 간의 결합인자이며 그러므로 탄생과 새로운 시작의 숫자이다.

여왕은 마법사(의식:Consciousness)와 고위 여사제(무의식)간의 결합으로서 인식된다. 이 대극(의식과 무의식의 상대성)의 합일은 전체성을 가져다준다. 행성은 금성으로서 비너스를 의미하며 이 여왕 카드에 할당된다. 그리고 비너스는 사랑, 미, 갈망, 매혹, 예술을 대표한다. 비너스는 사랑의 여신, 즉 우주적 다산(아이를 많이 낳는 것과 같은 풍요)의 상징이다. 고위 여사제가 베일을 쓴 이시스라면 여왕은 베일을 벗은 이시스이다. 고위 여사제는 무의식의 처녀 상태를 상징한다.

KEY 4번: 황제(THE EMPEROR) - 태양과 함께 에리즈(양자리)를 통과해서 움직이는 황도대, 봄의 시작, 통치권과 미의 기원자이며 지혜

숫자 4는 물질계의 숫자이다. 그리고 상응하는 기하학적인 그림은 사각형, 즉 모든 형태들 중에서 가장 안정적인 피라미드의 기반이다. 또한 십자가의 다양한 형태들은 4를 상징하며 이는 수평선과 수직선을 의미하는데 수평선은 물질을 그리고 수직선은 물질을 관통하는 영혼을 뜻한다. 타로의 키 4, 즉 황제는 단순히 견고한 물질계를 표현한다. 이 카드는 질서, 이성, 경계, 훈련, 도덕, 윤리들의 전형이다.

황제는 물질세계에서의 지배, 권위, 부성, 그리고 법에 의한 생명의 규제를 대표한다. 황제란 단어는 "명령을 하는 그"를 의미하며 이유는 황제가 여왕의 짝이며 그들은 상호의존적인 공동 창조자들로서 서로에게 힘을 부여하고 서로를 보완하기 때문이다. 여왕은 욕망의 이미지를 생산하며 황제는 그 욕망에 힘을 부여하는 의지를 생산한다. 이것은 규제에 대한 황제의 활동력인 정신 이미지의 통제와 관련된다는 것을 시사한다. 황제는 여왕으로부터 나오는 현현된 에너지를 취하며 그것을 개인의 상위 자아로 건네준다.

KEY 5번: 교황(THE HIEROPHANT) – 목성과 함께 황소자리(Taurus)를 통과해서 움직이는 황도대, 지혜와 자비의 토대

숫자5는 1과 10 사이의 중간에 서있는 사람을 상징한다. 5각형의 별표(★표; 중세에는 부적으로 썼음)를 의미하는 팬타그램은 또한 사람을 표현하며, 그의 머리는 하늘을 그리고 그의 팔과 다리는 쭉 뻗어있다.

이 숫자는 5개의 손가락, 다섯 가지 감각들 그리고 유혹, 즉 인성을 표현한다. 성서에서, 우리는 Joshua가 5명의 왕을 죽이고 그들을 동굴에서 목매달았다고 쓰여 있다. 즉, 이는 Joshua의 다섯 가지 육체적 감각들을 Joshua의 의지에 종속시킴을 상징한다. 예수는 다섯 가지 부상을 입었고 이는 고통은 영혼이 부활되고 마스터가 되기 전에 겪어야만 하는 것을 제시한다.

숫자 5는 또한 물질계를 지배하는 사람 그리고 지고의 영역에 도달하는 사람을 의미할 수 있다. 후자의 의미에서, 우리는 타로 키 5, 교황에 대한 관계를 발견한다. 성직자다운 외모를 지닌 그는 인간적인 측면뿐만 아니라 성스러운 측면에서 인성(Humanity)을 표현한다.

KEY 6번: 연인(THE LOVERS) - 태양을 따라 쌍둥이자리(Gemini)를 통과해서 움직이는 토성, 미의 이해와 미와 주권의 생산성

숫자 6은 본성 속에서 신성한 힘, 진화 이면의 힘, 즉 모든 살아있는 만물에 고유한 완벽함에 대한 욕구를 표현한다. 숫자 6에서, 우리는 지고의 영혼 원리 1을 5라는 인간 숫자에 추가된다. 이집트인들은 6의 생성 또는 창조의 상징으로서 고려했다. 6은 결혼의 숫자라고 또한 불리었으며, 노동과 관련되어 있는데 그 이유는 창조하는데 6일간의 노동이 걸렸기 때문이다. 숫자 6은 또한 협력과 상호 행동을 의미한다.

이 카드는 상징체계에서 심오하게 형이상학적이다. 그 이유는 영적인 연금술(Alchemy)을 시사하기 때문이다. 카드의 비의(秘意)적 의미는 태양과 달이 합쳐서 Shin, 즉 제 5의 원소(역주:황금빛의 불사체) 또는 신(God)의 영혼과 동일하다는 것이다. 또한 이것은 이 단어의 글자들에 의해 지배되는 다른 타로 키들에 반영된다. 이 키의 주요 관념은 대극(음양의 상대성)의 쌍들이 실제로 보완물이라는 것이다.

KEY 7번: 전차(THE CHARIOT) - **화성과 함께 게자리(Cancer)를 통과해서 움직이는 토성, 엄격함에 따라 행동하는 이해.**

숫자 7은 완전수이다. 즉, 모든 수들 중에서 가장 신성한 수이다. 이집트인들은 이 수를 영원한 생명의 상징으로 고려했다. 이 수는 3원자(triad)와 4원자(tertian)로 구성된다. 즉, 인간 속에서 합일된 신과 자연을 의미한다. 구약성서나 신약성서 모두 7에 대한 언급으로 채워져 있다. 특히 계시록에는 7을 사용해서 완전성을 표현한다. 즉, 7개의 마지막 역병에 대한 7개의 유리병, 7개의 트럼펫 소리, 7 천사, 7 왕, 7개의 머리를 갖는 야수. 타로 키 7, 전차에서 우리는 완결을 갖게 된다. 즉 전차를 모는 사람이 그의 의지를 정복하고 불균형을 바로잡는 의미에서 말이다.

전차의 경로는 하위 세피로스로부터 심연을 가로지르는 첫 번째 경로이다. 이 키는 모든 존재계를 정복하는 것을 표현하며 하위의 현현된 우주에 영혼의 강림을 언급한다. 이 경로의 목적은 우리의 개인적 신념이 무엇이든, 우리는 고유한 방식에서 우리의 삶의 매개체를 통해서 움직이는 신성(神性)의 영향을 수용해야 한다는 것을 설명한다.

KEY 8번: 힘(STRENGTH) - **수성과 동시에 레오(사자자리)를 통과해서 움직이는 목성, 엄격한 기질의 자비, 힘의 영광.**

숫자 8은 진화의 수이다. 즉, 숫자 8의 상징은 모래시계이며 균

형이다. 진화는 뿌린 것을 거둠으로써만 진척 될 수 있기 때문에, 숫자 8은 균형 또는 인과의 완전한 상징이다. 또한 8에서 우리는 더 높은 진화의 주기에 들어서게 된다.

이 경로(Path)의 점성술적인 사인(Sign)인 레오는 불의 사인이며 태양의 힘과 하나이다. 즉, 레오는 발산, 권위, 원심력을 소유한다. 레오는 사물들을 자신에게로 끌어들이는데 마치 8, 즉 '힘'에서 영적인 방출을 통해서 사자를 통제하는 여인과 같다. 8에서 전달하고자 하는 메시지는 우리는 우리의 영적인 본성과 육욕적인 본능 사이에 균형을 생성해야하고 그럼으로써 둘 중에서 열등한 쪽에 영향을 주어야 한다.

이는 연금술(Alchemy), 즉 하나로부터 또 다른 하나로의 변형을 암시한다. 사자의 꼬리가 뱀의 형태로 끝나는 사자의 모습에서 알 수 있는 것처럼 말이다. 레오는 태양에 의해 지배를 받으며 이 경로를 Resh 그리고 또한 티페렛(Tiphareth)으로 연결하며 태양력이 태양에서 반사되는 것들을 초월하여 보다 높은 수준의 의식을 개화시킬 수 있다는 것을 지시한다.

KEY 9번: 은자(THE HERMIT) - 미의 자비, 지배권의 확대, 즉 태양와 함께 버고(처녀자리)를 통과해서 움직이는 목성

숫자 9는 주로 시작의 수를 의미한다. 십진수들 중 마지막 글자로써, 이 숫자는 사물을 끝내고 새로운 현현을 준비하는 상징이다. 키 9에서, 은자는 성숙의 힘과 지혜의 식별을 표시하며, 그는 입문을 추구하는 사람들 찾아 숨겨진 지식의 등불을 높이 들고 있다. 그는 조용한 방랑자이며 우주의 잠재성을 모든 차원에서 현실로 가져오며 현명한 사람 또는 의식 확장으로 고려된다.

은자(Hermit)는 원초적 자아와 하나 된 완벽한 상태에 도달했으며 숙련(Adeptship)됨을 표현한다. 은자는 고독하다. 그 이유는 개체화의 길은 우리로 하여금 어떤 희생을 치르더라도 "무리들의 정신"을 제거하도록 조성하기 때문이다. 위대한 결정의 길, 은자는 전체성을 찾기 위해서 세계가 제공해야 만하는 것의 대부분에 등을 돌린다. 그리고 일단 전체성을 발견했다면 요드(Yod)의 길이 개발되고 확장된 창조적인 손의 능력을 암시하는 것처럼 다음 추구자에게 열린 손을 내밀게 된다.

유대인들에게 있어서 이 원리는 위대한 은자 인물, 모세에 의해 구체화되었다. 모세는 신과 대화를 했고 유대인들을 황야로부터 인도했다. 흥미롭게도, 이 카드의 마법적인 타이틀은 "빛의 목소리의 마법사, 신들의 예언자"이다. 20번째 길은 수성-지구이며 즉, 황도대 사인 버고(Virgo:처녀자리)이다. 버고(처녀자리)는 처녀를 표현하며 신성에 대해서 영원히 순수하고 순진무구하며 오염되지 않은 경로를 표현한다.

KEY 10번: 운명의 수레바퀴(THE WHEEL OF FORTUNE) - 자비와 승리의 장엄함, 즉 금성을 따라 목성을 통과해서 움직이는 목성

숫자 10은 완성의 수이다. 그 안에서 우리는 우리가 출발했던 현현되지 않은 힘인 0을 만나게 된다. 그러나 그 후 0은 9 십진수를 통해 진화한다. 이제 첫 번째 분화인 숫자 1이 0옆에 위치한다. 그리고 더 높은 진화의 주기에 관하여 새로운 일련의 현현을 시작할 준비를 하고 있다. 1로 시작한 우리는 성인(成人)인 5에 이를 때 까지 진화한다. 이 시점에서, 우리는 신성한 힘 6을 인식하고 진화하여 위쪽으로 도달하기 시작하여 마침내 9에서 우리의 입문에 도달한다. 키 10, 행운의 바퀴에서 바퀴는 10에서 0을 표현한다.

바보는 이제 피할 수 없는 인과의 법칙으로서 카르마와 마주한다. 그 이유는 이 키가 우리의 운명을 위아래로 움직이는 영원히 회전하는 운명의 바퀴이기 때문이다. 이 바퀴는 유동적인 우주의 영원한 움직임과 그 속에서의 인생의 흐름을 표현한다. 바퀴 상단에서 휴식을 취하는 스핑크스는 지혜와 평형의 원리, 즉 움직임 속의 안정성을 의미하며 이는 우리가 항상 기회와 불행에 의해 좌우되는 것이 아니라 우리의 삶을 변경할 수 있는 힘을 소유하고 있다는 것을 시사한다.

KEY 11번: 정의(JUSTICE) - 미와 통치권의 엄격함, 즉 태양과 함께 리브라(천칭좌)를 통과해서 움직이는 화성.

숫자 11은 새로운 시작을 의미한다. 그러나 이 시작은 1에서 10까지 과거 주기 동안에 얻은 지혜와 효율성에 의존한다. 리브라(Libra: 천칭좌)는 공기 사인이다. 그러므로 사고방식에 있어서 정신적이다. 리브라는 균형, 평형, 평화를 의미한다. 균형은 힘(Strength) 키에서처럼 여기서도 지시된다. 키 8과 키 11은 단일한 힘, 즉 창조적 상상력의 작용에 대한 두 가지 측면을 표시하며, 모든 상상력은 기억에 기초한다.

이 키로써 바보는 더 높은 주기의 현현에 착수한다. 하지만 이번에는 10 개의 키들의 이전 순차동안 얻은 모든 경험과 함께한다. 순수화되고 훈련된 인성은 이제 하나의 삶을 인정하고 '그릇됨'으로부터 '신성한 옳음'으로의 능력을 개발하여 왔다.

KEY 12번: 매달린 남자(THE HANGED MAN) - 광휘의 엄격함과 판결의 집행, 수성과 함께 물을 통과해서 움직이는 화성

숫자 12는 안정성 또는 현현된 우주의 숫자라고 불린다. 이 숫자는 완전한 표현의 표시이다. 모든 위대한 종교들은 근본적으로 우주적 태양 신화의 비유적 표현들이다. 종교의 창립자들의 펼쳐짐의 단계들은 12 달의 주기동안 본성에서 육체적 태양의 활동들에 상응한다. 야곱에게는 12 아들이 있었고 이들은 이스라엘의 12종족을 만들었다.

Shmael에게도 12 왕자들이 있었고, 12 올림푸스 신들이 있었고, 오시리스의 12 사도들이 있었고, 그리스도의 12사도들이 있었으며, 아더왕의 원탁의 12 기사들이 있었다. 이들 모두는 황도대의 12 사인에 상응하며 황도대의 중앙에는 태양이 위치해 있다. 12번째 숫자는 이해하기 쉽지 않은데 그 이유는 10 + 2의 숫자 값의 합성은 열매 또는 이중성에서의 완벽을 보여주며 숫자 값 2는 남성과 여성, 또는 양성과 음성으로 육체적인 분리를 나타낸다.

키 12 매달린 남자(The Hanged Man)에서, 우리는 사람이 머리에 있어야 할 곳에서 자신의 발이 있는 상태로 그가 자신내의 재생의 위대한 일(Work)을 성취할 때까지 거꾸로 매달려야만 하는 교훈을 발견한다. 12번째 단계에서, 우리는 영적 입문자가 뒤집힌 것을 발견한다. 비록 궁극적으로는 그가 자신의 발로 서서 영적 삼각형(3)으로 십자가(4)를 이겨내야만 한다.

KEY 13번: 죽음(DEATH) - 이시스(Isis)를 괴롭히는 타이폰(Typhon)의 파괴적인 힘 하에서의 오시리스(Osiris), 또는 승리의 지배권과 결과. 금성(Venus)와 함께 전갈자리(Scorpio)를 통과해서 움직이는 태양.

숫자 13은 생성, 건설, 재생의 영원한 움직임을 표현한다. 숫자 13은 태양이 생명의 새로운 주기를 시작하는 봄날의 청춘의 십자가를 나타낸다. 여기서, 숫자 13은 불사(不死, Immortality)의 약속이다. 키 13은 깨닫지 못한 사람에게는 육체적 죽음을 의미하며 영적 입문자에게는 물질적 욕망을 영적인 열망으로 변형시킴으로써 새로운 삶의 시작을 의미한다. 키 13은 침체에 대한 항거이다.

그리고 키 13은 창조는 그의 대극(상대성)인 파괴를 필요로 한다. 영혼이 물질로 하강할 때 영혼은 또한 그 근원으로 되돌려야 한다. 우주 변형 원리의 절반으로서 죽음을 표현하면서 말이다. 여기서 파괴자는 창조자가 된다.

KEY 14번: 절제(TEMPERANCE) - 근원적 힘의 지배권, 견고한 기초의 아름다움, 루나(달)과 함께 사수자리(Sagittarius)를 통과해서 움직이는 태양

숫자 14는 정신적 기초(토대)의 숫자이다. 마음이 균형 있는 사유의 생산자가 될 수 있는 것은 마음이 견고한 토대를 설정하고 마

음이 무엇에 기초를 두고 있는지를 알 때만이 가능하다. 숫자 4는 육체의 기초 돌이다. 10+4는 드높은 주기인 정신에 관한 기초를 이룬다. 숫자 14는 또한 7+7이며 7이 창조의 첫 번째 옥타브를 완성하는 것처럼, 14도 계몽적인 지성의 두 번째 옥타브를 완성한다.

절제 카드는 기질과 수정의 발산 에너지, 즉 진동(vibration)의 카드이다. 진동 이외에는 우주에는 어떤 것도 존재하지 않는다. 모든 형태의 진동은 생명력을 상상력(달)로부터 의식(태양)의 활동으로 전달하는데 숙달된 숙련자에 의해 수정되고 관리될 수 있다.

KEY 15번: 악마(THE DEVIL) – 물질적인(그릇된) 광휘의 아름다음과 지배권, 수성과 함께 염소자리(Capicorn)을 타고 움직이는 태양

숫자 15는 완전함의 10과 인류애 관념인 5를 결합한 것이다. 그리고 완벽한 구별을 사용하지 못할 때 인류애에 의해 직면하는 함정들을 묘사하고 있다. 악마에 의해 인성화된 힘들은 매우 실제적이다. 왜냐하면 이러한 힘들은 인간 자신의 창조들이며 단지 사념과 신념이 인간으로부터 물러설 때만 와해될 것이기 때문이다. 키 15에서, 남자와 여자는 악마의 사슬에 묶여있으며 그들은 받침대로 직립으로 서있다. 악마는 일반적으로 물질적 번영과 관련 있는 것으로 취해지며, 물질주의의 함정을 강조한다.

KEY 16번: 탑(THE TOWER) - 광휘에 대한 승리, 보복하는 힘, 수성과 동시에 화성을 통과해서 움직이는 금성

숫자 16은 영적인 승리, 즉 완성의 10과 현현한 신성한 힘인 6을 나타낸다. 여기서, 신성한 힘은 물질과 투쟁하고 있다. 즉, 물질은 보다 높고 완벽한 형태를 창조할 수 있기 위해서 와해되고 붕괴된다. 키 16에서, 우리는 자존심, 무지, 그릇된 이성이라는 그릇된 전제에 기초한 야망의 탑에 의해 지어졌던 것을 파괴하는 일에 신성한 힘이 참여하고 있음을 안다. 빛은 단지 사악한 것을 파괴하는 신성한 불이며 좋은 것으로 정화하게 된다.

힘은 본성에 있어서 반복적으로 증명되는 것처럼, 분해와 분열에 의해 방출된다. 즉 어떤 종류의 형태가 나타날 때마다 또 다른 형태가 사라지게 된다. 이 경로의 메시지는 과거의 형태들을 해방해서 새로운 형태들이 나타나도록 하는데 있다. 탑과 관련된 함축적 의미는 진실된 균형과 조화가 존재하지 않는다면, 신성해야만 할 힘이 단지 타락할 수 있다는 것이다. 이 경로는 "흥분하는 지성"이라고 불리며 그 이유는 이를 통해서 모든 현존하는 존재의 본성이 성취되고 완벽해지기 때문이다. 지성 자체가 "소란스러운 것"을 의미한다.

이 키에서, 빛나는 섬광은 현현의 과정에서의 이 단어 또는 로고스의 힘이다.

KEY 17번: 별(THE STAR) - **근원적 힘의 승리, 희망, 달(Luna)과 함께 물병자리(Aquarius)를 통과해서 움직이는 금성**

숫자 17은 밝게 빛나는 내면의 빛을 표현한다. 10에 7을 더하는 것은 또 다른 휴식처를 나타내며 하지만 이번에는 더 나아가 산위에서의 휴식을 의미한다. 키 17은 명상, 정신적 직업, 침묵에서 자신의 베일을 벗기 위해 진리를 추구하는 마음의 카드이다. (고위 여사제가 상징하는) 본성의 기억을 기록한 것에서부터, 바보는 명상을 통해 지혜를 얻고 반면 이 키를 희망의 이미지로서 만드는 (힘 카드에서 상징화된) 인간성 내면의 동물적 힘들을 통제하는 특수한 힘들을 개발한다.

KEY 18번: 달(THE MOON) - **물질의 승리, 물질적 세력의 명백한 힘의 기만적 효과, 우주 요소들과 동시에 물고기자리(Pisces)를 통과해서 움직이는 금성(Venus)**

숫자 18은 비밀 영역의 탐구, 즉 다소 위험한 영역의 추구를 암시한다. 숫자 8은 진화이며 1+8=9 즉 새로운 공부로의 입문을 이

끌게 된다. 이것은 또한 6+6+6=18로서 열거될 수 있으며 개인의 학문으로의 입문뿐만 아니라 경주(race)의 입문을 언급하기도 한다. 숫자 1과 8로 구성되어 합계 9를 이루며 달과 은자사이의 연결을 지칭한다. 키 18에서, 우리는 이미 이 경로에 진입했던 사람들에 의해서조차도 배워야할 많은 숨겨진 것들을 목격한다.

물고기자리(Pisces)는 점성술 상징들 중에 가장 정신적인 것이며 달은 타로 카드들 중에서 가장 정신적인 카드이다. 이들의 의미는 바보가 오랜 여행을 따라 여행할 때 유혹으로 가득 찬 통로를 걷게 됨을 표현한다. 탑들은 미지의 경계를 표현하며 그들을 넘어서게 되면 의식의 고양됨이 존재하게 된다. 탑들은 우리가 이들을 초월할 때까지 꿰뚫을 수 없는 비밀을 표현한다. 꿈의 키로서, 달은 깊은 몽환 또는 명상에 의해 특징지어지는 직관적이고 정신적인 작업을 상징한다.

KEY 19번: **태양(THE SUN) - 물질세계의 광휘, 달과 함께 태양을 통과하는 수성**

숫자 19는 궁극의 도달을 나타내는 숫자이며 19로서나 1+9=10으로 10과 같은 의미를 지니게 된다. 바보는 키 18에서 본성의 숨겨진 측면, 즉 달의 신비스러움으로 입문했고 이제 태양의 입문이라는 영적 추구자로서 행동하게 된다.

키 19에서, 우리는 마법사가 제시한 것, 즉 위대한 작업(Work)의 완성을 끝마치게 된다. 여기서, 바보는 그 본성의 하위 측면에 대한 영적 승리를 얻게 된다. 여기서의 승리는 키 7에서 전차를 모는 사람에게 발견되었던, 단지 의지의 정복이었던 승리하고는 매우 다른 의미의 승리이다. 태양은 전 우주가 우리에게 부여하는 생명과 영혼을 표현하며 자아(Self)를 표현한다.

KEY 20번: 판단(JUDGMENT) - 물질세계의 광휘, 우주 요소들과 동시에 불을 통해서 움직이는 수성

숫자 20은 두 개의 완벽한 10의 주기로 구성되며 각각은 이전 9 개의 숫자들의 경험을 포함한다. 그러나 현현되지 않은 힘인 0 옆에 서있는 1을 갖는 10과는 다르게 20에서 우리는 생명력이 물질로 들어가서 증식되는 것을 시사하는 2를 갖는다. 숫자 2는 이중성의 표현이다. 하지만 이 2는 분리 또는 출발을 표시하는 숫자가 아니다. 그 이유는 2는 하나의 인물 속에 합일된 신(God)과 인간(Man)인 두 개의 1로 구성되어 있기 때문이다.

이것은 신성한 힘과의 완벽한 하나됨으로의 재탄생을 나타내며 이 카드의 의미는 부활이라는 것을 명료하게 나타내 준다. 이것은 죽으면 태어난다는 신비로움, 즉 영혼의 영향 하에서 자연의 재각성을 의미한다.

KEY 21번: 우주(THE UNIVERSE) - 우주 요소들의 기초 및 물질 세계, 요소들과 동시에 토성을 통과해서 움직이는 달(Luna)

숫자 21은 10의 제 2주기의 완성을 지시하며 새로운 주기의 시작이자 가장 높은 가능한 개발인 즉 3x7=21을 의미한다. 키 21에서, 우리는 바보가 그 지상의 통로를 완성한 것을 본다. 그리고 이제 신성한 힘과 상호 창조자인 것을 알게 된다. 더 이상 지상의 물건에 의해 속박되지 않은 영혼은 이제 물질을 초월한다. 바보는 모든 다른 키들이 이끌었던 지고의 목표인 우주의식의 최종적 상태에 도달한다.

SOURCES:

777 And Other Qabalistic Writings of Aleister Crowley

Archetypes on the Tree of Life, by Madonna Compton

Living the Tarot, by Amber Jayanti

Modern Magic, by Donald Michael Kraig

The New Golden Dawn Ritual Tarot, by Chic and Tabatha Cicero

Numerology and the Divine Triangle, by Faith Javane and Dusty Bunker

The Sword and the Serpent, by Melita Dennings and Osborne Philips

타로카드
컴비네이션

6 컵스/월드

※ 6컵스는 이기적이고 계산적인 마음(빨강색 두건이 상징하는 의미)으로 작은 소녀에게 컵을 건네고 있다. 빨강색 두건은 뭔가 자기 실속을 차리고자 하는 마음이다. 월드는 두 사람의 결합을 뜻하는 카드이다. 6 컵스의 두 인물이 하나로 결합된다. 문제는 초록색 만돌라 원으로 갇힌다는 사실이다(초록은 풍요로움을 뜻하고 성장을 의미한다. 따라서 갇혀는 있지만 풍요와 성장은 얻을 것이다). 따라서 자유로 왔던 세상에서 구속받는 세상으로 바뀐다. 남녀가 서로 6컵스 처럼 사랑을 할 때는 자유롭고 평화로운 분위기였지만 결혼이나 연애가 깊어짐으로써 월드속에 갇히게 된다. 만돌라 속의 그녀는 과거를 그리워하는지 왼쪽으로 고개를 돌리고 있다. (시선처리법)

* 전세 자금 또는 월세 보증금을 내고 세입자로 입주하다. 월드의 타원 만돌라에 갇히므로 입주 후 당분간은 이사하지 않을 듯 보인다.
* 어렸을 때의 추억을 사진첩으로 가지고 있다. (월드: 사진첩, 액자)
* 어렸을 때에 사귀던 친구와 결혼하다.
* 처음에는 서로 마음이 안 맞았는데 나중에는 한 마음을 얻다. (월드: 한 마음)
* 누군가의 보시덕행으로 받은 사람이 훌륭한 인물로 성장하다.
* 이기적인 마음이었으나 베풀다보니 썸타던 여자애와 결혼하게 되다.

* 남의 것을 함부로 받다가 결국 카르마가 되어 속박되는 삶을 살게 되다.

별/달

* 처음에는 순수한 마음에서 베풀었지만 결국 그것이 화근이 되어 그릇된 자비로 작용하게 되었다.(달 카드의 들개와 늑대는 달빛을 받아먹지만 고마운지 모른다. 오히려 더 안 주면 화를 내고 으르렁 거리는 모습이다.)

* 투자한 만큼 어떤 측면에서는 효과를 낸다. 물을 부어서 결국 거기서 가재가 나온다. (여기서의 초점은 물과 가재이다. 초점이 바뀌면 해석도 바뀐다는 점에 유의할 것.)

* 별기운이 달기운으로 바뀐다. 희망속에 불안이 감돌고 있다. 겉으로는 남을 돕지만 속으로는 해로움이 싹트고 있으므로, 남을 돕는 일에 주의와 경계가 요구된다.

※ 두 카드의 컴비네이션은 긍정적 조합이 될 수도 있고, 부정적 조합이 될 수도 있다. 들개와 승냥이는 부정적 측면이고, 가재는 긍정적 측면으로 볼 수 있다.

9 컵스/페이지 컵스

※ 두 카드를 연이어서 해석해야 한다. 이렇게 두 개의 타로카드를 연이어서 해석하는 방법은 마치 두 타로카드가 병풍처럼 연결되어 있다고 보는 리딩법이다. 펼쳐 본다고 하여 펼침(unfolding) 리딩법이라고도 한다.

* 9개의 컵으로 만족하다가 한 개의 컵을 더 얻게 되다. 완성을 이루다. (9 컵스는 9개로 만족하는 남자이다. 하지만 1개가 부족해서 스트레스를 받고 있다. 빨강모자를 통해서 알 수 있다. 그러나 페이지 컵이 옆에 나타나므로 하나의 컵을 더 얻어 10개의 컵을 완성한다. 이렇게 보면 10 컵스 타로카드와 인연이 있다. 해석할 때 10 컵스도 함께 고려하면 좋을 수 있다.)

* 진짜는 10번째 컵이다. 왜냐하면 10번째 컵으로 물고기까지 덤으로 얻었다. 페이지 소년은 9컵 남자에게 귀인이 된다. 자신이 필요한 하나의 컵(9개로 1개 부족한 상태에서)을 페이지 소년으로부터 얻게 되기 때문이다. (실전 상담시 이렇게 나오면 페이지 소년이 과연 이 주인공 남자에게 누가되는지를 유심히 살필 필요가 있다.)

* 그가 찾던 것을 얻게 되다.

* 비었거나 부족했던 것이 채워지게 되어 온전한 100%를 이루다.

* 이제는 당당하게 살 수 있게 되다. 사기성이나 속임수에서 벗어나 보다 긍정적으로 삶을 살다. (9개의 컵스는 사기성이 있다. 속임수가 존재한다. 그러나 10개가 완성되면 그러한 일은 없어질 것

이다.)

* 과거 9개보다 현재의 1개가 더 중요하다. (추가적인 1개가 없다면 사기꾼이나 속임수쟁이가 될 수 있다.)

* 현재의 9개 보다 미래의 1개가 더 좋거나 중요하다.

페이지 컵스/2 컵스 역방향

※ 물고기가 사자로 상징변환됨을 유심히 살필 것! 이것을 상징변환법이라고 한다. * 잡았던 것을 다른 사람이 오니 놓치게 된다. (페이지 컵스는 혼자 있는 모습인데, 이 상태에서 2 컵스는 한 사람이 더 오게 된 경우이다.)

* 자신의 몫을 타인과 나누고 교류하니 쓸모없게 되 버리다.

* 혼자서 얻은 것은 만족스러웠지만 타인과 대화해보니 문제점과 카르마를 발견하게 되었다. (사자는 문제점과 카르마에 해당한다.)

* 독립해서 일할 때는 일이나 프로젝트에 즐거움이 있었는데, 함께 하니 즐거움이 사라지고 재미도 없게 되다.

2 컵스/고위 여사제

* 서로 협력하다가 카르마가 발생해서 헤어지고 혼자 남게 되다.

* 둘이 있으면 카르마가 되지만 혼자 있으면 마음의 안정을 얻는다.(장 파울 샤르트르 철학자가 말했던가? 타인은 지옥이다.)

* 남녀 간의 교류에서 여자가 더 중요한 인물이다. 여자의 직관을 믿어라.

* 남자보다 여자를 더 믿어야할 상황.

* 여자 혼자서 하면 문제는 없지만 남자가 개입되면 카르마가 발생하게 된다.

* 현재의 일이나 상황은 여자가 해결해야할 문제이다.

* 결합했지만 나중에는 여자 혼자 남게 된다.

페이지 컵스/고위 여사제

※ 11번 페이지 컵스와 2번 고위여사제는 수비학으로 모두 2이다. 음의 수이므로 여성적이다.

* 페이지 소년은 고위여사제를 좋아한다. 물고기가 고위여사제.

* 두 남녀는 좋은 한쌍의 연인.

* 여자보다 남자가 더 좋아 한다.

* 둘 다 감성적이고 지혜를 좋아한다.

* 감정적이지만 그런대로 로망과 낭만을 추구하는 남자이고, 여자는 고요하고 직관적이며 비밀을 중시한다. 남자는 여자의 비밀을 캐거나 캘 수 있다.

에이스 완즈/6 완즈

* 선봉장으로 일했던 사람이, 승리와 성취를 이루다.

* 처음에는 혈혈단신(孑孑單身)이던 사람이, 이제는 많은 무리를 거느리는 수장(우두머리)이 되다.

* 처음 시작은 미약했지만 끝은 장대하리라.

* 의지와 의욕이 결국 성공을 가져오다.

* 하늘에서 한 사람을 밀어주고, 결국 그 사람을 성공시키다.

* 하늘에서 밀어준 사람이 우두머리로서 사람들의 리더가 되다.

6 완즈 역방향/에이스 완즈

* 실패했지만 우두머리는 살아 남다.

* 실패 속의 오뚜기 정신

* 구테타(하극상)으로 조직이 와해되고 무너졌지만 우두머리는 살아 남게 되다.

* 무너진 조직을 새롭게 부활시키고 재생시키다.

* 조직의 와해를 통해서 새로운 리더십이 필요함을 깨닫게 되다.

* 실패는 병가지상사(兵家之常事)라. 실패는 전쟁에서 흔히 있는 일이므로 너무 실패에 괘념치 말고 새로운 시작을 하라는 뜻.

* 실패는 성공의 어머니. 과거의 실패가 있기 때문에 새로운 정신으로 새로운 마음으로 도전하게 된다.

* 실패하게 된 후 초심(初心)으로 돌아가다.

4 완즈/연인

* 다시 만나 재결합을 했으나 아직 서로 간에 믿음이 완벽하지 않다.

* 결혼이 행복해 지려면 마음의 일치가 필요하다. 그러나 그것이 쉽지 않음을 알려주는 상황이다.

* 처음에는 결합이나 동업이 행복했으나 나중에는 서로 의견차가 보이게 되다.

* 둘 간의 만남이 행복에서 제 3자의 개입으로 삼각관계로 발전하다.

* 둘 만의 행복에서 여자가 남자를 선택해야하는 상황으로 전개되다.

여황제/연인

* 물질적인 여성이 남자를 만나 물질보다 정신의 소중함을 깨닫게 되다.

* 돈이 많고 물질적으로 풍요로운 여성에게 남자를 선택할 권한이 있다.

* 여자의 매력에 남자가 다가왔지만 그 여자는 더 좋은 남자를 추구한다.

* 물질적 풍요와 돈 있는 여사장이 동업을 했지만 결과적으로 좋지 않다. 새로운 사업적 파트너를 찾게 된다.

* 물질과 매력이 넘치는 여자에게 남자가 생겼지만 그 남자는 이 여자의 물질과 매력을 얻으려 하는 사람이다. 여자는 당연히 이러한 남자보다 보다 순수하고 물질을 초월한 지고지순한 사랑을 추구

한다. 여자에게 주도권이 있다.

연인 역방향/행맨

* 세속적 사랑은 남자를 더 힘들게 만든다.

* 순수하지 못한 사랑이 남자를 어찌하지 못하는 진퇴양난에 빠지게 만든다.

* 남녀 간의 사랑이 깨지므로 남자는 공황상태에 빠진다.

* 사랑에 금이 가자, 남자는 희생자적 마인드로 사랑을 되찾을 때까지 매달린다.

* 사랑에 실패하면 남자에게 희생을 감수하도록 요구한다.

정의/7 완즈

* 정의로운 판단으로 자신이 남을 도와주어야할 상황에서 나서게 된다.

* 판단이 정의로우면 반대세력이 늘 있게 마련이다. 방어해야 한다.

* 법적 판단에 의해서 대중들의 저항을 받다.

* 나의 과거 행동에 대한 결과로 내가 막아야할 세력들이 생기게

된다. 내 과거 행동에 대한 카르마는 반드시 나를 힘들게 만든다.

* 계약이 이루어지면 내가 나서서 남을 위해 해야할 일이 생긴다.

* 계약 성사로 아르바이트 일자리를 얻어 일하다.

* 결혼을 했는데 남자는 여자를 위해 잠자리 방어를 하느라 힘 빠진다.

퀸 완즈/은둔자

* 여자에게 눈치보고 살아가는 것보다 조용히 떠나는 것이 좋다.

* 잘 들여다보라. 여자는 나를 검은고양이로 보고 있다.

* 등불을 들고 잘 살펴보라. 나는 여자에게 검은고양이에 지나지 않는다.

* 여자가 있어도 외롭고 고독한데, 이제 혼자만의 은둔자로 살아가자.

* 여사장 밑에서 외롭게 일할 바에는 대학원 진학을 꿈꾸자.

* 의심을 받고 있는 상태에서 조용히 떠나는 것을 선택하다.

cf. 검은고양이와 은둔자가 상응성 원리에 의해 상응하고 있다.

5 컵스 역방향/10 완즈

cf. 세 개의 쓰러진 컵들은 부채꼴 모양으로 10완즈에 물상법적으로 상응한다. 물상 상응성 원리에 해당한다.

* 상처를 준 사람들을 데리고 가야할 의무가 있다.

* 비록 나에게 안좋았던 인연이라도 함께 데리고 가라.

* 악연이라도 내가 챙기지 않으면 누가 챙기랴?

* 삼각관계의 인연이 지속되다.

* 나의 교만함과 에고에 의해 상처를 주고받은 인연을 계속 끓고 가다.

퀸 완즈/10 펜타클

* 의심받던 남자가 귀인(할아버지 또는 제 3의 남자)의 도움으로 충성받는 사람으로 변화하다. 검은고양이가 흰 개로 바뀐다.

* 여자에게 있으면 내가 의심받지만, 남자에게 가면 충성스러운 사람으로 인정받는다.

* 여사장과는 인연이 별루지만 남사장에게는 좋은 인연이다.

* 혼자서 여사장을 돕기보다는 다른 사람과 둘이서 남사장을 돕는게 좋다.

* 친구가 생기면 더 좋은 상황으로 바뀐다.

* 여자가 다스리면 별볼일 없는 존재지만 남자가 다스리면 충성스러운 존재가 된다.

10 펜타클/은둔자

* 조상 할아버지의 도움을 받다. (버고♍에너지는 스콜피오♏ 에너지와 비슷한 상징표시를 지닌다. 은둔자는 버고이다. 그러나 흙싸인이고 회색빛을 지니고 있으며, 케프리컨 에너지도 감돌고 있다. 고독하고 신중한 모습이다. 스콜피오는 무속, 무당, 무녀, 조상과 관련된다. 버고

에너지는 스콜피오와 비슷하다는 점에서 산신령과 인연된다.)

* 가문의 번영은 조상과 웃어른의 보호와 가피에 있다.
* 산신령의 도움이 있는 가문.
* 가족을 떠나서 은둔한 할아버지.
* 옛날에는 대가족이었는데, 이제는 홀로 존재하는 노인이 되다.
* 가정을 돌보는 사람은 뭐니 뭐니 해도 할아버지.
* 아버지가 가족에서 떨어져 분가하게 되다.
* 자신의 삶에 완성과 풍요를 이루고 조용히 은둔하러 떠난다.
* 나이 들어서 외롭지만 가족의 번영을 이루었으니 그것으로 만족이다.

절제/10 검

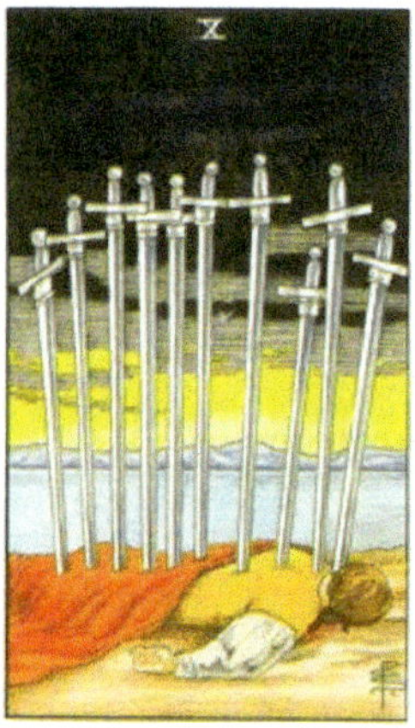

* 외국에 나가면 물질적으로나 육체적으로나 엄청난 손실을 가져다 준다.
* 동업하면 부도나 파산이 발생할 것이다.
* 둘 간의 교류는 한쪽의 엄청난 에너지 손실을 가져다 줄 것이다.
* 물질적 손실은 다른 이와의 제휴 때문이다.

* 처음에는 절제하고 중도적으로 살았지만 결국 대중들의 비난과 상대 세력들의 공격으로 실패하게 되다.

* 태양이 뜰 때면 좋지만 태양이 지거나 아직 뜨지 않을 때는 안좋다.

* 잦은 교류도 중요하지만 쉴 때는 쉬어야 한다.

* 둘이서 교류하면서 만든 에너지(약)를 인터넷이나 통신으로 퍼뜨리다. (10 검 타로카드의 10개의 검은 물상법으로 통신라인, 전화회선, 인터넷이 된다.)

* 절제하다가 한방에 망하다.

여황제 역방향/4 검/고위 여사제

※ 위 3개의 타로카드들 중에서 중심축에 해당하는 타로카드는 4검이다. 주인공은 4검 타로카드의 누워있는 노랑색 갑옷을 입은 남자이다. 일반적으로 4검의 주인공은 남자로 인물상징치환된다. 이

4 검 타로카드를 중심으로 여황제가 역방향으로 왼쪽에 있고, 고위 여사제가 정방향으로 오른쪽에 있다.

* 그녀의 여친이 여황제 역할을 제대로 못하자, 고위 여사제 계열의 여성을 추구하다 결과적으로 고위 여사제 성향을 여자를 만나게 되다.

* 3(여황제 역)+4(4 검) = 7(전차)로 여황제와 4검 주인공은 마음의 갈등이 어느 정도 있는 상태이다.

* 4(4 검)+2(고위 여사제) = 6(연인)으로 이 고위 여사제는 육체관계를 좋아하지 않는 여성이다.

전차/여황제 역방향/킹 컵스

※ 전차의 두 마리 스핑크스의 상징적 의미를 잘 알아야 풀 수 있다. 여기서 검은 스핑크스는 밀교(密敎), 비밀, 음에너지, 숨은 의미 등으로 해석된다. 흰 스핑크스는 현교(顯敎), 밝음, 공개, 양에너지, 겉으로 드러난 의미 등으로 해석된다. 3 카드 배열법에서 스핑크스 둘은 각각 검은 스핑크스는 여황제 역방향에, 흰 스핑크스는 킹 컵스에 해당한다. 두 스핑크스 모두 각각 주변 타로카드에 상징변환법을 적용하고 있는 것이다. 참고로, 검은 스핑크스는 사주명리학에서 편재(偏財), 흰 스핑크스는 사주명리학에서 정재(正財)에 해당한다.

※ 검은색 스핑크스는 여황제 역방향으로 상징변환됨으로써 별루 좋게 작용하지 못하고 있다는 것을 암시한다. 흰색 스핑크스는 킹 컵스로 상징변환됨으로써 긍정적으로 작용하고 있다고 할 수 있다. 또한 검은 스핑크스는 생산적이지 못하고, 흰 스핑크스는 관대하고 자비스럽다는 암시가 있다.

* 비밀로 전수되어야 지식은 별로 효과적이지 못하고, 공개적으로 전수되는 지식은 긍정적 효과를 내고 있다.

* 두 여자 중에 몰래 사귀던 여인은 별로 돈도 없고 겉멋들었지만, 겉으로 사귀던 여성은 남자에게 충실하고 조강지처격이다.

에이스 펜타클/달

※ 에이스 펜타클 타로카드에 크게 그려진 펜타클의 상징적 이미지가 달 카드의 달 이미지와 비슷해 보인다. 펜타클이 달로 상징변환된 사례이다. 이렇게 두 개의 타로카드에 비슷해 보이는 상징들이 연결된 것은 두 상징의 의미가 타로카드에 의해서 바뀐다는 뜻이

다. 즉, 에이스 펜타클에서 펜타클의 의미가 달 카드의 달로 상징변환됨에 따라 결국 돈이 근심으로 바뀐다고 할 수 있다. 일반적으로 긍정적 의미가 부정적 의미로 바뀐다고 해석할 수 있다.

* 금전의 투자가 결과적으로 근심거리로 변화되었다. 돈을 투자했지만 돈 받은 사람들이 더 달라고 아우성거린다.

* 돈 투자나 돈의 가치를 사람들이 오만과 교만으로 보고 아우성 된다.

* 기술과 재능을 기부했지만 대중들이나 일반 사람들이 더 도와달라고 외친다.

* 재력이나 기술력이 한낮 사람들의 가십이나 루머에 시달리는 방향으로 작용하게 되다.

* 자신과 인연이 별루 없는 뭇사람들에게 자신의 노하우와 자금을 나누어주거나 공개하려고 하지 말라.

* 재정적 투자가 오히려 루머와 소문에 시달리게 하다.

※ 손을 달로 상징변환시키고, 펜타클을 두 마리의 들개와 승냥이로 상징변화시킬 수 있다. 이렇게 하면 해석이 달라진다.

* 과거 재능과 금전적 혜택을 도와주었던사람들이 이제는 근심거리가 되다.

* 과거에 금전적으로나 기술적으로나 떠받들어 주고 돌봐주니까 나

중에는 조직이나 회사의 배신세력으로 성장하게 되다.

에이스 펜타클/달 역방향

※ 에이스 펜타클에서 펜타클이 떨어져 달 카드 역방향의 달로 상징변환된다. 그러나 달 카드 역방향 자체가 긍정적 의미로 반전되므로 두 카드 전체 해석은 긍정적으로 해야 한다.

* 투자를 했으나 투자금이 다 할 때쯤 조직과 기업이 기사회생하게 되다.

* 기술력을 키웠으나 나름대로 조직내 갈등과 불화가 있었다. 하지만 이제 바야흐로 그 문제들이 해소되고 정리되어 좋아질 예정이다.

* 기술력이나 투자가 모든 조직원에게 만족을 주지는 못했다. 그러나 앞으로 투자금이 다 조직 내에 골고루 퍼지게 되면 몇몇 조직원들의 불만을 해소되고 새롭게 부활될 것이다. 오뚜기 정신처럼... (가재는 부활을 암시하는 카드이다. 또는 다시 도전하면 좋다는 의미이다. 시험운에서 달카드가 나오면 이 번에는 안 되지만 다음 기회에 도전하면 된다는 재시험운의 吉을 암시한다.)

달 역방향/에이스 펜타클

※ 달 정방향과 달 역방향의 차이점은 달 정방향은 아직도 근심과 불안이 존재하고 있다는 암시가 강하다. 그러나 달 역방향은 이제는 근심과 불안에서 벗어나고 있다는 것을 의미한다. 즉, 에이스 펜타클을 얻는 시기가 불안과 근심 속에서 얻느냐 아니면 불안과 근심이 끝나고 얻느냐로 차이가 있다.

* 삼각관계가 풀리면서 연애 관계가 새로운 관계로 가게 되다.
* 과거를 정리하고 새로운 연애로 이어나가다.
* 과거 인연을 끊기고 새로운 인연으로 이어지다.
* 달이 지면 과거는 정리되고 새로운 인연을 얻게 되다.
* 고생한 만큼, 금전적 수확과 기술적 능력이 확보되다.
* 고통과 불안을 견디며 오랜 기다림 끝에 낙(樂)이 오다.

달/에이스 펜타클

* 지금은 삼각관계 속에 있지만 앞으로는 한 명의 여자로 만족하게 되다.
* 삼각관계가 진행 중이지만 앞으로는 새로운 관계로 나아가게 되다.

* 조직과 직장에서 많은 스트레스와 루머에 힘들지만 결과적으로 금전적으로 혜택을 얻게 되다.

* 어렵고 힘든 상태와 불안한 상태에서도 금전이나 기술을 얻어내다.

* 비밀을 지킨 대가로 금전적 혜택이나 기술력을 얻다.

* 근심한 만큼 돈으로 결정화되다.

절제/에이스 펜타클/달 역방향

* 동업이나 타인과의 교류를 통해서 금전과 기술력을 얻어내고, 결과적으로 조직의 문제나 근심 걱정을 해소하게 되다.

* 융합이나 융복합 기술을 통해서 조직의 문제와 회사의 근심을 해소하다.

* 사람들과의 융화를 도모하고 금전적 혜택이 회사와 조직 내 골고루 퍼지도록 해서 기업문화를 활성화하다.

* (연애운 시) 두 사람의 교제에 새로운 여자의 출현으로 약하지만 삼각관계에 빠지게 되다.

* 외국에서 공부하다가 학위를 받고 돌아왔지만 아직 취직이 안되어 근심스럽다.

에이스 펜타클/절제/달

※ 절제 타로카드의 왼쪽 컵에는 에이스 펜타클의 펜타클이 상응하고, 오른쪽 컵에는 달 카드의 달이 상응한다.

* 육체적 노동과 정신적 고뇌가 합쳐져서 1+14+18=1+5+9=6(연

인)이므로 힐링이 이루어진다.

* 육체적 노동과 정신적 고뇌가 잘 섞여서 동업이 잘 이루어지다.

* 새로운 인연을 만나고, 과거 인연들을 잘 정리함을 통해 원활한 유대관계와 인간관계를 유지하다.

* 새로운 여자 친구와 사귀고 다시 또다른 여친과 교제하게 되다. 결국 삼각관계에 빠지다. 한 여자는 외국계 여자(외국과 인연있는 여자)이다.

월드/페이지 컵스

※ 월드는 물상법으로 꿈속의 여인, 또는 마음에 그리는 여인을 뜻한다. 페이지 컵스에서 소년이 움켜쥔 컵에 들어있는 물고기는 바로 월드의 그 소녀이다. 소년이 자신의 꿈속의 소녀에 대한 애착이 깊다는 것을 알 수 있다.

* 마음에 새긴 여자를 집착하듯 그리워하는 남자.

* 꿈속의 여인을 늘 생각하고 애착하는 남자.

* 무언가 속박받고 갇혀진 상태로 있는 여인을 구해내 자신의 여자로 소유하려는 남자.

* 여자에게 구원자(21+11=5:교황)가 되려고 하는 남자.

* 자신이 마음으로 사랑하는 연인을 차지하고 싶은 남자의 마음.

7검/은둔자

※ 7검은 왔다갔다는 하는 남성을 주로 뜻한다. 질문자가 여자일 경우에는 그 여자를 의미한다.

* 누군가가 자기 실속만 챙기고 먹튀하는 것을 잘 감시하라.

* 조직 내의 이탈자가 있다. 그는 정보와 기술력 및 자본을 딴 곳으로 빼돌리고 있다. 그를 잘 감시할 것.

* 애인과 싸워서 헤어진다고 해도 완전히 헤어지지는 않는다. 곧 돌아올 것이다. 돌아오지 않아도 여친을 생각하고 있을 것이다. (7검의 남자와 은둔자는 동일한 남자를 뜻한다.)

* 누군가가 조언자(멘토)를 믿지 않고 방황하니 멘토도 조용히 그곳을 떠나게 된다. (7검의 남자는 학생, 은둔자는 조언자 또는 멘토가 된다.)

* 누군가가 공부를 안 하고 놀므로 공부를 가르치던 선생과 교사도 그 자리를 떠나게 된다. 그는 더 이상 공부를 배우기 어렵게 된다.

* 누군가 떠날 수 있으니, 주의깊게 신중히 생각하고 있어라.

전차와 7 of Cups

* 그가 투자한 곳 두 군데 중 한 군데는 이루어지지 않는 환영의 꿈이다.

* 어디로 마차를 몰아서 가야할지 감이 안 잡힌다. 그는 지금 멈추어 서서 가야할 곳을 명확히 해야할 것이다.

* 그의 휘하에 있는 두 부하들 중 한 부하가 너무 꿈이 크고 욕심이 지나치다.

* 남자가 양다리로 두 여자를 사귀고 있으며, 그 중 한 여자는 문어발이다.

* 남자가 사귀는 두 여자 중 속마음에 흑심(黑心)이 있는 여자가 문제이다. 이 여자는 남자가 먼저 사귄 여자로서 욕심이 너무 많다.

* 검은 스핑크스가 욕망을 드러냈다.

* 택배직원이 찾아왔으나 물건을 잘못 배송했다. 주소를 잘못 찾아왔다.

* 자신의 생각들을 선택해야할 때가 왔다.

* 두 마리 스핑크스를 달래기 위해서는 무엇을 주어야할지 고민이다.

참고문헌

1. 타로카드 100배 즐기기, 레이첼 폴락 저, 이선화 옮김, 물병자리
2. 타로카드 길잡이, 칼리 지음, 물병자리
3. 정통타로카드 배우기, 정재윤, 정성윤 지음, 넥서스
4. 인간의 점성학, 유기천 편저, 정신세계사
5. 따라하며 쉽게 배우는 타로, 도설출판 예지나(인터하비에서 주문)
6. Sun 오라클 타로카드 메뉴얼
7. 오쇼 젠 타로카드 메뉴얼
8. Quest 타로카드 메뉴얼
9. 베이직 라이더 웨이트 타로카드 메뉴얼
10. THE BOOK OF THOTH, Aleister Crowley 저
11. HOW TO: READ THE TAROT, Sylvia Abraham 저
12. A magical Course in Tarot, Michele Morgan 저
13. Power Tarot, Trish MacGregor, Phyllis Vega 저
14. 21 Ways to read a Tarot card, Mary K. greer
15. Tarot Wisdom, Rachel Pollack
16. 타로 카드 한권으로 끝내기, 아라우네 지음
17. 인간과 무의식의 상징, 카를 융 저, 이부영 외 번역
18. 타로의 그림 열쇠, 아더 웨이트 저, 정현근 번역및 해설, 도서출판 타로
19. 베이직 웨이트 타로 따라하기, 칼리 저, 물병자리 출판사
20. 그림자, 이부영 저, 한길사
21. 아니마/아니무스, 이부영 저, 한길사
22. 자기와 자기실현, 이부영 저, 한길사
21. 무경계, 켄 윌버 저, 김철수 옮김, 무우수
22. 당신의 그림자가 울고 있다, 로버트 존슨 저, 고혜경 옮김
23. 타로마스터 따라잡기, 최정안 저
24. 헤르메스학 입문, 프란츠 바르돈, 박영호 외 옮김
25. 융심리학과 동양사상, 이죽내 지음, 하나의학사 출판
26. Tarot for Yourself, 당신을 위한 타로, 마리 그리어 저
27. Learning the Tarot, bunning 저
28. Seventy-Eight Degrees of Wisdom, Rachel Pollack 저
29. The Kabbalah Tree, Rachel Pollack 저
30. 꿈 상징 사전, 에릭 애크로이드 저, 김병준 옮김
31. 점성술 - 고대부터 현재까지, 글,그림 이현덕

32. Tarot and Individuation, Irene Gad
33. 그리스 신화 타로 해석사전, 조하선, 주혜명 옮김
34. 유니버설 타로 카드 메뉴얼, 막스웰 밀러 저, 박재권 옮김, 당그래 출판사
35. 융 심리학 입문, 캘빈 홀외 저, 김형섭 옮김, 문예출판사
36. 타로의 지혜, 조앤나 워터스 저, 이선화 옮김
37. 위빠사나 수행, 사야도 우 자나카 가르침, 김재성 옮김
38. The Power of Now, Eckhart Tolle 저
39. 붓다의 호흡법, 류정훈 편저, 경서원 간행
40. 숨겨진 보물을 찾아서, 피르 빌라야트 이나야트 한 저, 이현주 옮김, 삼인

신 영호 프로필

- 1970년 庚戌 년생
- 한성대 전산통계학과 졸업
- 광운대 전자계산학과 대학원 졸업
-《객체지향 윈도우즈 프로그래밍》영문서적 공역
-《프로그래머의 길》저
-《매트릭스 속 프로그래머》1,2,3,4권 저
-《C 프로그래밍의 기초 및 학습론》저
-《C 프로그래밍의 에센스와 메타포》저
-《타로카드 88가지 비밀 노하우》저
-《타로카드 비밀 노하우 플러스》저
-《타로카드 키워드 바이블》저
-《타로카드 고급 리딩비법》저
-《타로카드의 정석》공저
-《운명과 힐링 시크릿》저
-《쿤달리니 요가명상》편저
-《오컬트 철학 대백과사전》저
-《타로카드 황금열쇠》저
-《프로그래머 라이프 스타일》저
-《타로카드 실전 사례와 힐링 노하우 플러스》저
-《타로카드 마스터 길라잡이》공저
-《타로의 철학과 실전 노하우》저
- (현) 유니버셜 웨이트 타로카드 상담& 강의
- (현) 심볼론 타로카드 상담& 강의
- (현) 사주 명리학 상담& 강의
- 天主神命 아카데미 & 哲學院 원장

타로카드 88가지 비밀노하우

(타로카드 컴비네이션 추가 증보판)

2022년 5월 20일 1판 인쇄
2022년 5월 31일 1판 발행

지은이 • 신영호
발행자 • 이영애
발행처 • 공감북스
주　소 • 02011 서울시 중랑구 중랑천로 256
전　화 • 02-971-9683
팩　스 • 02-972-9683
등　록 • 제 25100-2015-18호
등록일 • 2015년 7월 15일
e-mail • sympathybook@naver.com

ISBN 979-11-86898-97-0 (93200)
정　가 29,000원